Armin Strohmeyr

Klaus und Erika Mann

Les enfants terribles

Rowohlt · Berlin

PAARE Herausgegeben von Claudia Schmölders

1. Auflage März 2000
Copyright © 2000 by Rowohlt · Berlin
Verlag GmbH, Berlin
Alle Rechte vorbehalten
Umschlaggestaltung Walter Hellmann
Fotos: Literaturarchiv der Monacensia, München
Satz Berling PostScript QuarkXPress 4.0
Gesamtherstellung Clausen & Bosse, Leck
Printed in Germany
ISBN 3 87134 393 5

Die Schreibweise entspricht den Regeln
der neuen Rechtschreibung.

Inhalt

«Auf der einen Hand die ganze Welt, auf der anderen du –
und es hält, siehe, im schwebenden Gleichgewichte.»

Klaus Mann an Erika Mann, 23. Januar 1932

«Waren wir doch Teile von einander, – so sehr, daß ich
ohne ihn im Grunde gar nicht zu denken bin.»

Erika Mann an Eva Herrmann, 17. Juni 1949

«Europa kann warten!»

Reise in die Neue Welt.
1927–1928

Oktober 1927. Durch die Wellen des nördlichen Atlantiks pflügt der Passagierdampfer «Hamburg». Noch zwei Tage bis zur Ankunft in New York, der größten Stadt der Erde. New York: Wer diese Stadt bezwingt, bezwingt die Welt. Stadt der Glückssucher, die als Tellerwäscher oder Piccolo schuften und Reichtum und Ruhm vor Augen haben. Stadt der Wolkenkratzer und der Wall Street, wo an der Börse die Milliarden von Großindustrie, Versicherungen und Banken gehandelt werden. Glitzerstadt und Stadt des Drecks in den Elendsquartieren. Melting Pot: Schwarze, Chinesen, Italiener, Iren, Juden, Russen, Deutsche. Stadt der Mafia und der Prohibition. Noch läuft der Motor Amerika, noch existiert der Mythos von den unbegrenzten Möglichkeiten, die sich in der Neuen Welt bieten. Noch hat der Schwarze Freitag vom Oktober 1929 das Finanzsystem nicht erschüttert. Wer clever ist und im richtigen Augenblick zupackt, der kann sein Glück machen, nicht nur in Handel und Wirtschaft. Die Künste blühen und die Universitäten stehen an Rang und Ansehen denen Europas nicht mehr nach. Mäzene und Sammler kaufen Gemälde und errichten Museen. Die moderne Kunst findet in diesem unprätentiösen, gegenwärtigen, sachlichen Land ihren Spiegel. Der Jazz verbindet die afrikanische Rhythmik der Schwarzen mit der Raffinesse westlicher Zivilisation. Gershwin komponiert seine «Rhapsody in Blue» und weist damit der Kunstmusik neue Wege. Upton Sinclair, Theodore Dreiser, William Faulkner, Francis Scott Fitzgerald und Sinclair Lewis schreiben Weltliteratur. Der Film als junge Kunstform, die den Kommerz nicht scheut, wird aus Hollywood importiert und in den großen Premierenkinos New Yorks gefeiert.

Auch an Bord der «Hamburg» befinden sich Glückssucher. Besonders zwei umgibt ein gewisser Nimbus. Dichterkinder sind sie. «Literarische Zwillinge» nennen sie sich auf dieser Fahrt, obgleich sie doch ein Jahr auseinander sind. Kurz nach ihrer Ankunft wird ein Artikel mit Fotos über sie in den großen amerikanischen Zeitungen erscheinen. Für Publicity ist gesorgt.

Die beiden jungen Leute, Erika und Klaus Mann, sind 21 und 20 Jahre alt. Sie sind die ältesten Kinder des berühmten Schriftstellers Thomas Mann, dessen Name bereits für den Literaturnobelpreis gehandelt wird. Aber sie sind nicht nur Kinder eines Genies. Besonders Klaus hat sich seit drei Jahren einen Namen als Autor von Erzählungen, Romanen und Dramen gemacht, die Fragen der jungen Generation behandeln, und worin er nicht selten Körperlichkeit und Eros narzisstisch preist. Schon mehren sich kritische bis hämische Stimmen, die dem bürgerlichen, stets auf Ansehen bedachten Autor der «Buddenbrooks» unfein im Ohr klingen müssen. Der junge Dramatiker Bert Brecht etwa frotzelte: «Heute früh las ich den ‹Uhu›. Darin blickt Herr Thomas Mann (wer *ist* Herr Thomas Mann?) sorgenvoll auf seinen berühmten Sohn (wer kennt ihn nicht?)»

Und im «Simplicissimus» konnte man gar eine Karikatur sehen, worin der geschminkte Klaus, einen neuen Roman in Händen, sich über den mit zerfurchter Stirn am Schreibtisch bosselnden Thomas Mann beugt und sagt: «Du weißt doch, Papa, Genies haben niemals geniale Söhne, also bist du kein Genie.»

Nein, mit diesen Kindern hat es der Vater nicht leicht. Klaus wirft mit Nonchalance und Verve Buch um Buch auf den Markt und lebt – anders als der Vater – seine Homosexualität öffentlich aus, trägt sie stolz zur Schau. Und Erika? Sie ist die Ausgeglichenere, aber nicht weniger eigensinnig, dickköpfig, stets Abenteuern und Streichen zugetan. Verheiratet ist sie mit einem jungen Schauspieler und Regisseur. Sein Name: Gustaf Gründgens. Noch ist dessen Stern am Theaterhimmel nicht aufgegangen, aber er arbeitet verbissen daran. Dass Erika die Ehe mit dem homosexuellen Schauspieler nicht ernst nimmt, den gemeinsamen Hamburger Haushalt kaum sieht und die meiste Zeit, ähnlich ihrem Bruder Klaus, in Berlin und München lebt, verwundert niemanden. Mit ihrem kleinen Ford durchquert sie die Länder und Kontinente. Geschwindigkeit ist ihr alles, am liebsten würde sie Autorennen fahren. Sie ist Schauspielerin und Rezitatorin, hat seit neuestem ein Engagement an den Münchner Kammerspielen. Doch als die Idee zu einer Weltreise aufkam, die rundherum um den ganzen Globus führen soll, war sie gleich Feuer und Flamme. Mit dem Bruder versteht sie sich seit jeher, er verehrt sie glühend und hängt an ihr wie an keinem anderen Menschen. Nein, es ist nicht gelogen: Sie sind Zwillinge, wenn auch ein Jahr sie trennt. Aber was besagt schon die Zeit? Für Klaus und Erika gilt nur eines: die Gegenwart, der Augenblick, den man wie im Rausch erlebt.

Eigentlich ist die Reise eine Flucht nach vorne. Zu eng, zu kleinbürgerlich sind die Verhältnisse in München geworden. Und zu viele Anfeindungen müssen die Geschwister in den literarischen Feuilletons und den Boulevardblättern ertragen. Besonders für Klaus wurden die privaten Verhältnisse zu kompliziert. Angefangen hatte es gut drei Jahre zuvor, als er sich mit Pamela Wedekind, der Tochter des Dichters Frank Wedekind, verlobte. Oh, wie er ihr Gesicht liebte, das ihn an einen Jüngling Michelangelos erinnerte! Aber richtig ernst gemeint war es doch nie. Pamela liebte Erika, Klaus nahm sich schöne Jungs mit nach Haus, Erika schließlich heiratete Gründgens. Dennoch blieb man beisammen, schrieb, spielte Theater. Mit zwei Stücken aus der Feder von Klaus bereisten sie Deutschland: «Anja und Esther» und «Revue zu Vieren» waren Skandalerfolge. Die größten und bedeutendsten Bühnen öffneten ihnen die Pforten. Ja, sie waren über Nacht berühmt.

Dann aber kam alles anders: Pamela lernte den Dramatiker Carl Sternheim kennen; es gab Gerüchte, sie wollten heiraten. Dazu die steten Anfeindungen in der Presse. Klaus gilt als schwacher Abklatsch des Vaters, dem es nicht gelingt, über den Skandalerfolg hinaus Ansehen in der literarischen Welt zu erlangen. Böse Gerüchte um einen Geschwisterinzest keimten, genährt durch Klaus' Stück «Anja und Esther»: Jeder der vier – Erika, Klaus, Pamela, Gustaf – spielte nur sich selbst, hieß es. Der hessische Landtag befasste sich mit einem Verbot des als unmoralisch geltenden Werks über Geschwisterinzest, Vatermord und Homosexualität.

Schließlich, auf einem Spaziergang am Starnberger See, erinnerten sich die Geschwister an ein Schreiben, das sie vor geraumer Zeit aus Amerika erhalten hatten: Der Verleger Horace Liveright hatte Klaus Manns «Kindernovelle» unter dem Titel «The Fifth Child» mit Erfolg herausgebracht und daraufhin eine Einladung unterbreitet. Freilich, das war bereits einige Zeit her, aber ob man es nicht doch versuchen könnte?

Klaus Mann hat diese Anekdote später in seinem Lebensbericht «Der Wendepunkt» wiedergegeben, sicherlich übertrieben und stilisiert, aber für den Überschwang der Geschwister doch bezeichnend. «Wer nicht telegraphiert, kriegt nichts», lautete Erikas Devise. Und so kabelte sie im Namen des Bruders eine Botschaft an Liveright: «Entzückt von Ihrer freundlichen Einladung, die mich erst jetzt erreicht stop bin ich bereit in etwa vier Wochen mit meiner Schwester, bekannte Schauspielerin Erika Mann, nach New York abzureisen stop beabsichtigen Winter in USA zu verbringen ...» Der Verleger telegraphierte zurück: «Bedaure unendlich, daß Sie sich nicht früher entschließen konnten stop season now overcrowded stop rate dringend, Reise auf nächstes Jahr zu verschieben.»

Verschieben? Kam nicht in Frage, während einem in Deutschland die Probleme und Sorgen über den Kopf wuchsen! Und war da nicht noch Klaus' Freund Ricki Hallgarten, der seit ein paar Monaten in New York sein Glück als Tellerwäscher und Dienstbote versuchte? Klaus wollte ihn nur zu gern wiedersehen. Nun also: Frechheit siegt! Erika kabelte an Liveright zurück: «Tausend Dank ... es bleibt also dabei ... erwarten Sie uns Anfang Oktober New York.»

Publicity ist alles! Schnell ist mit dem überrumpelten Horace Liveright ein Vertrag ausgehandelt: Er stellt einen Literaturagenten zur Verfügung, der eine Vortragstournee quer durch Amerika ausarbeiten soll. Die «Literary Mann Twins» sollen über deutsche Jugend und neue deutsche Literatur sprechen. Die Geschwister können nur unzureichend Englisch, aber das verschweigen sie besser. Sie werden einen Vortrag übersetzen lassen und ihn nach Manier der Papageien auswendig lernen und herunterspulen. Alles andere wird aus dem Augenblick heraus improvisiert. Auch Samuel Fischer in Berlin, der Verleger des Vaters, unterstützt die Weltreise: er zahlt einen Vorschuss auf ein Buch, das «Rundherum» heißen soll.

Publicity! Erika kauft sich von dem Geld sofort ein Pelzcape. Kleider machen Leute, und die Ankunft am Pier in New York ist bis ins Letzte inszeniert und auf Wirkung bedacht. Selbst der Vater wird für das Projekt eingespannt. Die Kinder nötigen ihn, für den «Philadelphia Public Ledger» ein Interview zu geben. «Selbstverständlich bin ich erfreut», verkündet da der Dichter, «über den Versuch, Amerika etwas vom deutschen Geist zu vermitteln, und darüber, daß sie Bekanntschaft schließen mit dem intellektuellen Leben Ihres Landes. Diese Kinder gehören zu einer Generation, die die Möglichkeiten der weltumfassenden Verständigung mit mehr Unmittelbarkeit, Wagnis und Unternehmungslust nutzt, als ihre Väter es getan haben.»

Endlich! Die gigantische Silhouette Manhattans taucht

vor ihnen auf: «Spielte nicht ein wohlwollend sattes Lächeln um die stolzen Züge der ‹Statue of Liberty›? Aus silbernem Nebel trat sie uns entgegen, die imposante Dame mit majestätisch gerecktem Arm und mütterlichem Busen. Hinter ihr aber erschien, eine Fata Morgana von schwebender Zartheit und titanischen Dimensionen, die Silhouette der Wolkenkratzer, die vielgerühmte und doch immer wieder erstaunliche, unglaubliche, überwältigende ‹Sky-line› von New York.»

In Artikeln für deutsche Blätter feiert Klaus Mann Hymnen an diese Stadt und ihr Flair: «Diese erschütternde Stadt ist sogar schön. Schön nicht wie die geliebten Städte Europas, wie München, Rom, Paris, Kopenhagen – schön durch ihre Ausmaße, schön durch die Energie, die sie atmet. Sie gewährt Durchblicke und Aussichten von einer neuen und strengen Erhabenheit. Man hat die Wolkenkratzer nicht umsonst ‹Kathedralen der Arbeit› genannt. […] schön manche Perspektiven die verengten Straßen hinunter, wo ein schmaler Streifen blauen Himmels zwischen den Hochhäusern leuchtet: steile Durchblicke, gotische Perspektiven.»

Am Pier werden sie schon erwartet. Der Literaturagent Friede ist angekommen. Auch Ricki Hallgarten steht da, abgerissen, abgemagert, und nimmt die Geschwister in die Arme. Die Universität Princeton hat einen Abgesandten geschickt. Ein Foto wird nach der Ankunft geschossen, das mehr als andere das jugendliche Ungestüm, die naiv-berechnende Unternehmungslust, die Freude am Leben zum Ausdruck bringt: Erika und Klaus Mann präsentieren sich da als die Mann-Zwillinge. Sie stellen ihre Nähe und Identität mit der Kleidung zur Schau: Beide tragen die gleichen Baskenmützen kokett in die Stirn gezogen. Sie sind dicht aneinander geschmiegt, offene, neugierige Gesichter lächeln den Betrachter an. Eine Mischung aus Unschuld und Wissen um die Verderbnis: Die angebissenen Äpfel, die beide in der Hand halten, zeugen symbolisch davon.

Erika und Klaus Mann im Oktober 1927 nach der Ankunft in New York.
Als «Literary Mann Twins» setzten sie sich vor der erstaunten amerikanischen Öffentlichkeit in Pose. Die «Äpfel vom Baum der Erkenntnis» sind
symbolisch bereits angebissen.

Sie werden in das Hotel Astor am Times Square gebracht. Dessen Eigentümer, Fred Muschenheim, beherbergt viele Gäste aus Kreisen der europäischen Intelligenz. Bei ihm gehen Künstler und Schriftsteller ein und aus. Schnell finden auch die Geschwister Mann Anschluss. Da sind Ricki und seine etwas abgehalfterten Freunde: Studenten, griechische Eisverkäufer, Ausreißer aus Berliner Bürgerhäusern. Ricki zieht sofort in das Zimmer der Geschwister ein und füttert sich auf deren Kosten durch. Der Portier ist etwas konsterniert. «This fellow» wird alsbald für den Bruder der Manns gehalten.

Ricki, der unentdeckte Maler, der für einen Galeristen die Klosetts schrubben darf. Wenn er zeichnet, habe sein Gesicht den Ausdruck eines Mörders, sagt Klaus. Er ist der Georg Trakl der Malerei, er weiß um das Leid in der Welt. Klaus Mann schreibt später über dessen Motive: «Das magere, eckig-anmutige Kind und die selbst fast noch kindliche Mutter; die Verrenkung des Krüppels, des Akrobaten und des stürzenden Radfahrers; der verzweifelte Greis; die blasse Stirn der Schlafenden; das Huschen, Springen und traurige Sich-Kauern der Tiere – der Hunde, Pferde und Katzen –, […] Überall ist der Schmerz; überall dieser Fluch, der nur manchmal zu einer schwermütigen Anmut sich löst.»

Sie treffen auch Eva Herrmann wieder, die sie bereits aus München kennen. Sie ist nur fünf Jahre älter als die Geschwister und studiert in New York Tanz und Zeichnen. Sie hat auch schon Thomas Mann porträtiert. Nun gerät sie in einen Strudel der Gefühle. Sie verliebt sich in Klaus, aber die Liebe bleibt unerwidert. Später sagt Thomas Mann einmal zynisch zu ihr: «Wissen Sie denn nicht, daß Klaus ein Frauenzerstörer ist?»

«Wir zogen herum», schreiben Erika und Klaus in ihrem Reisebericht, «vom Negerviertel in die Italienerstadt, vom chinesischen Theater in die Metropolitan-Oper, von der Fünften Avenue ins stinkende Getto. New York ist eine der allerschönsten Städte.» Und über die Künstler: «Der Begriff der ‹Bohème› ist ja sogar in Städten, in denen er immerhin noch Existenzberechtigung hat, etwas Antiquiertes, Abseitiges und mumienhaft Komisches. Und nun in New York erst. Hier gilt dieses Wort gar nicht mehr, ist ein verstaubtes Opernrequisit. Nur noch der Künstler hat Daseinsberechtigung, der am Leben der Nation Anteil nimmt, es pädagogisch beeinflußt, indem er seine Probleme Gestalt werden läßt. – Trotzdem macht es einer ganzen Gruppe Menschen Freude, inmitten von Wolkenkratzern ‹Künstervölkchen› zu spielen, Schwabing, Montparnasse zu kopieren. Ihr Viertel heißt Greenwich Village.»

An Begegnungen mit Künstlern mangelt es in diesen Wochen nicht. Da ist etwa der irische Dichter Ernest Boyd, der später – während des Exils – für Klaus Manns Zeitschrift «Decision» schreiben wird. Boyd hat die Angewohnheit, zusammenhanglose Verdammungen in seinen Vollbart zu grumeln: «... lousy amateurs ... no style ... don't know how to write ... to hell with Joyce ... tries to copy Picasso ... Hemingway should be ashamed of himself ... who ist Gertrude Stein after all? ... lot of bunk ... Joyce, after all, is a genius ... to hell with Picasso ... Gertrude Stein – merde alors ... Mencken ought to know better ... Henry James? ... Quelle blague! ... To hell with Yeats ...»

Sie treffen den großen Romancier Upton Sinclair, der dem Kommunismus nahe steht, mit Werken wie «König Kohle» und «Petroleum» den westlichen Kapitalismus kritisiert und sich dadurch im eigenen Land viele Feinde schafft. Alexander Moissi, der große Wiener Schauspieler, weilt in New York, und bei Max Reinhardt sind sie zu Gast. Sie lernen den Zeichner und Erotomanen Gilbert Adrian kennen, der ihnen eine phallische Zeichnung im Stile Aubrey Beardsleys schenkt. George Gershwin, dessen «Rhapsody in Blue» sie mit Begeisterung hören, ist unter den flüchtigen Begegnungen, er antwortet auf die Frage nach dem Ursprung dieser neuen Verbindung von ernster und unterhaltender Musik: «Was wollen Sie? Ich war einundzwanzig Jahre alt und lebte in der großen Stadt New York.»

Tagsüber schlafen Erika und Klaus lange oder bummeln durch die Museen und Einkaufspassagen, abends dinieren sie fremdländisch: «Austern, die in Europa als Gipfel des Luxus galten, waren hier Volksnahrungsmittel; statt des gewohnten Weines oder Biers wurde zum Braten Kaffee mit Eiswasser serviert. [...] Wir aßen chinesisch, armenisch, mexikanisch und oberbayerisch; wenn wir uns beim ‹lunch› an einem echt ungarischen Gulasch gelabt hatten, wollten wir zum ‹supper› ein echt italienisches Risotto oder ein echt indisches Reisgericht. In Manhattan läßt eine kulinarische Weltreise sich ohne jede Schwierigkeit durchführen. Eine Möglichkeit, von der wir denn auch enthusiastisch Gebrauch machten.»

Hinterher trifft man sich mit Ricki und seinen zwielichtigen Freunden und streift umher. «Wir pendeln so zwischen Millionären, Strichjungen, Universitätsprofessoren, Literaten, kleinen Studenten, Filmschauspielern, Malern hin und her», schreibt Klaus an seine Noch-Verlobte Pamela Wedekind, vielleicht um ihr zu sagen: Sieh, wie jung ich bin, wie ich das Leben genieße. Heirate du nur deinen alten Sternheim. Ich erobere mit Erika die Welt!

Obwohl in Amerika die Prohibition herrscht, wird nach wie vor getrunken. Die Verordnung verbietet den Verkauf und Genuss von Alkohol und wurde im Ersten Weltkrieg durchgesetzt, um in Zeiten mangelhafter Lebensmittelversorgung Getreide nicht mehr dem Schnapsbrennen zuzuführen. Nun blüht der Schwarzmarkt; die Mafia ist nicht zuletzt deswegen so mächtig geworden. In versteckten Kneipen, den «Speakeasies», wo man gut daran tut, mit leiser Stimme Alkohol zu bestellen, wird mehr gesoffen denn je: «Es gab ‹Speakeasies› jeden Stils, in jeder Preislage. Am lustigsten ging es zu, wo die Literaten und Maler verkehrten. Und eben diese Kreise waren es, die wir am intimsten kennenlernten.»

Manchmal besuchen sie an den Abenden ein Football-Match oder einen Boxkampf. Da sehen Erika und Klaus den von ihnen so gepriesenen «neuen» Typus des jungen, körperbetonten Menschen – und ihnen wird schier schlecht dabei: «Wenn zwei aufeinander losgehen, bis Blut fließt oder einer am Boden liegt, ohne aufstehen zu können, ist das für Enthusiasmus kein Anlaß, sogar wenn die Rauferei nach streng sportlichen Regeln vonstatten geht. Der halb bewußte, dumpfe Sadismus von viertausend aufgeregten Männern und Weibern erscheint eher unappetitlich als hinreißend. Vom ästhetischen Vergnügen kann vollends auf die Dauer nicht die Rede sein, auch das netteste Gesicht wird durch Nasenbluten entstellt.»

Weit mehr sagen ihnen die vielen Theater und die Metropolitan Opera zu. Als Schauspiel sehen sie «Porgy and Bess», das wenige Jahre später von George Gershwin kongenial vertont werden sollte, aber auch eher einfach gestrickte Werke wie «Graf Dracula». Darin umsorgt ein Arzt eine junge Patientin, um sich nachts immer in einen Vampir zu verwandeln und die Kranke auszusaugen. Die stereotype Frage des Mediziners «And how is our patient today?» wird rasch zu einer stehenden Wendung zwischen den Geschwistern Erika und Klaus. Auch des Doktors mitleidsvolle Feststellung «Our dear Miss Lucy looks very tired this morning» wird nach langen New Yorker Nächten zum Insiderwitz zwischen beiden, aber auch zum Code in prekären Situationen.

Das leichtfertige Leben nämlich droht überraschend zu enden. Die Ausgaben für Hotel, Essen und Vergnügungen sind immens, der Vorschuss von Liveright und Samuel Fischer ist längst aufgebraucht. Zwar schreibt Klaus für verschiedene Blätter wie die Essener «Wochenschau» und das Berliner «8-Uhr-Abendblatt» Reiseberichte, doch auch deren Honorar ist nur ein Tropfen auf den heißen Stein. Als

Erika sich weigert, ihrerseits Artikel in die Schreibmaschine zu hämmern, und dickköpfig behauptet, sie sei nun einmal Schauspielerin und es gebe in der Familie schon genügend Schriftsteller – den Vater, den Onkel Heinrich, die Urgroßmutter Hedwig Dohm, den eigenen Bruder –, da kichert Klaus boshaft und geradezu seherisch: «Armes Ding! Dir wird's auch nicht erspart bleiben – das Schriftstellern, meine ich. Es ist der Familienfluch.»

«My dear Lucy», wie Klaus die Schwester liebevollneckisch nennt, rettet die Situation wenig später. Als der Hotelmanager wutschnaubend das Zimmer betritt und die unbeglichene Hotelrechnung präsentiert, sich auch nicht durch die Versicherungen der Geschwister beruhigen lässt, Geld aus Deutschland sei bereits angewiesen und unterwegs, greifen sie zum altbewährten Mittel, der Frechheit. Klaus erzählt – freilich ausschmückend und übertrieben – in seiner Autobiographie:

«‹I want my money›, beharrt der Herr von der Direktion.

‹And how is the patient now?› raunte die Schwester mit ihrem besten Dracula-Akzent, sowie der Unhold uns allein gelassen hatte.

‹My dear Miss Lucy›, erwiderte ich, ernst, aber gefaßt. ‹Da gibt es nur eines zu tun: Wir müssen uns zusammensetzen und einen Plan machen.›

‹Wie wär's mit einem Telegramm?› schlug Erika träumerisch vor. ‹Man könnte ein wirkungsvolles Telegramm aufsetzen.› Dies konnte nicht umhin, mir einzuleuchten. ‹Ausgezeichnet›, sagte ich und fügte mit feierlichem Nachdruck hinzu: *‹Wer nicht telegraphiert, kriegt nichts.›*

‹Ein schönes altes Wort›, nickte Erika.»

Doch wem telegraphieren? Den Eltern? Der Vater hat schon so viel bezahlt! Den Großeltern, liebevoll «Urgreise» genannt? Eher peinlich. Schließlich fällt ihnen der Agent Friede ein. Sofort besuchen sie ihn in seinem Büro und inszenieren ihr obskures Dracula-Spiel:

«‹Our poor Miss Lucy!› flüsterten wir voll Mitgefühl einander zu. ‹She looks very very tired again!› Der Impresario fürchtete um unseren Verstand, was ihn nur noch schlechter stimmen konnte. Er wischte sich den Schweiß von der Stirne, während wir uns mit Draculas satanischer Stimme erkundigten: ‹and how is the patient *now?*›

Es muß mörderisch geklungen haben», schreibt Klaus Mann. «Er schauderte.»

Schließlich reißt dem Agenten die Geduld: «Wenn nur euer Englisch etwas besser wäre! Euer Sprüchlein von ‹poor Miss Lucy› ist zwar sehr effektvoll, aber doch nicht genug für eine ‹lecture-tour›!»

Und Klaus weiter:

«Wir murmelten, daß man doch unter zivilisierten Leuten zu irgendeinem vernünftigen und fairen Kompromiß gelangen sollte, woraufhin der Brave eifrig nickte: ‹Eben, eben! Ein Kompromiß ... unter zivilisierten Leuten! Versteht sich ... lag mir auf der Zunge ... Tausend Dollar ... scheint Ihnen das angemessen?›» Der Impresario stellt einen Scheck aus und fragt: «Wann gedenken Sie nach Europa zurückzukehren?» Nach Europa? Die Geschwister biegen sich vor Lachen: «Europa kann warten! Jetzt geht's zunächst einmal nach Hollywood. Und von dort aus werden wir unsere kleine Vortragsreise in die Wege leiten. Denn *wir* haben die richtigen Verbindungen! Good bye, Sir. The pleasure has been ours!»

Die Tour beginnt; über Boston und Chicago, wo sie wie die Papageien ihre auswendig gelernten englischen lectures vorplappern, geht es mit dem Pullman nach Westen. Der Werbeslogan von den «literarischen Mann-Zwillingen» eilt ihnen in den Blättern voraus. Schließlich kommen sie in Hollywood an, der Fabrik der schönen Träume. Bert Brecht dichtet später im Exil über das Geschäft mit der Schönheit und dem Schein:

«Die Engel von Los Angeles
Sind müde vom Lächeln. Am Abend
Kaufen sie hinter den Obstmärkten
Verzweifelt kleine Fläschchen
Mit Geschlechtsgeruch.»

Erika und Klaus sehen Hollywood zwar nicht unkritisch, aber heiterer, unbeschwerter. In einem Brief an die Eltern schreibt Klaus: «Gestern haben wir etwas *sehr* Komisches mitgemacht: eine große und feierliche Filmpremière, eine Gala-night, wo alle Stars dabei sein müssen. So etwas Kindliches träumt der kleine Moritz schon lange nicht mehr: wo vor dem Kinopalast die Autos halten, stehen Dutzende von irrsinnigen Scheinwerfern, und dann muß man vom Auto bis zum Portal an einem Spalier von *Tausenden* vorbei, *im Scheinwerferlicht* – gebückt vor Verlegenheit. Wenn ein prominenter Filmmann aussteigt, wird er ausgerufen und das Publikum klatscht. Drinnen im Kino geht es natürlich auch aufs drolligste zu, so viel Schminke bringt der ganze Kurfürstendamm nicht auf.»

Im Hause Emil Jannings' lernen sie Greta Garbo kennen, die geheimnisvoll im Fauteuil lehnt und ihre Raubtierblicke ausschickt. Sie sehen Charlie Chaplin, Fritz Murnau, Ernst Lubitsch. Klaus schreibt nebenher noch eine Novelle mit dem Titel «Gegenüber von China», schon den Blick sehnsüchtig über den Pazifik hin gerichtet. Sollen sie schon ein Schiff besteigen und weiter gen Westen fahren, den Erdball umrunden? Aber zunächst sind da noch Partys: Weihnachten unter Palmen, Silvester im Sommeranzug. Bei solch einem Fest im Hause Jannings begegnen sie auch der Filmdiva Dorothy MacCail. Sie sitzt neben dem deutschen Botschafter Ago von Maltzahn, einem soignierten Herrn, der auf Deutsch mit ihr die vornehmste Konversation zu führen versucht. Die Diva sieht ihn nur verständnislos an, kramt dann aber die wenigen deutschen Brocken hervor, die ihr der boshafte Jannings kurz vorher beigebracht hat: «Du bist eine alte Scheißkerl!», wirft sie dem völlig konsternierten Botschafter an den Kopf, «ja, Scheißkerl, und ich bin eine vollgefressene Sau!» – «Wahrscheinlich», so Klaus Mann genüsslich, «wollte sie ‹Ich möchte Deutschland kennen› oder ‹Ich liebe die Kunst› damit bemerken, des perfiden Emil Schuld, wenn es ihr mißlang.»

An einem Abend bei dem Regisseur Ludwig Berger geht der Weihnachtsbaum in Flammen auf. Gerade noch kann das Haus vor Schlimmerem bewahrt werden, und Klaus und Erika dichten zusammen mit den Töchtern Jannings' im Übermut die Nonsensverse «Lesbos im Mädchenheim»:

«Ich bot mein Herz, er nahm nur meinen Leib.
Am Tag braucht er nen Kerl, doch nachts ein Weib
Ich sah im Traume einst ein kleines Dromedar
Das lieber ehrlich, als verlogen war.

Der Weihnachtsbaum, mein Herz, das Sofa brannte
Wie wurde oft gegrüßt die vielbesungne Tante.
Die Schändung von Helene war nun doch geschehen
Man muß das Kind mal aus der Nähe sehen.

Ich bin der unverstandne Mann, und leide ständig
Tat, ach, so vieles klug-bewußt und eigenhändig.
Dies wünschte ich mir schon lange
Und hält dem Esel stets die Stange.

Und sie glaubte, daß ich's wissen wollte, doch – sie irrte.
Fiel stracks ins Bett – schlief ein – ein Nachttopf klirrte.»

Schnell ist in diesem Karussell der Eitelkeiten und der Sensationen das Versprechen vergessen, für des Vaters Roman «Königliche Hoheit», wofür sie sogar ein Filmexposé im Koffer mitgebracht haben, einen Filmproduzenten zu finden.

Zu viel Amüsement, zu viel Zerstreuung bietet dieser Kosmos der Neuen Welt. Die Dichterkinder, die Mann Twins, sie staunen und werden bestaunt. Das Jahr 1927 endet fast mit dem Tod: Nach einer orgiastischen Feier bei dem Maler Gilbert Adrian – alle sind sie betrunken und Adrian tanzt zu Gershwins «Rhapsody in Blue» nur noch mit einer Federboa um die Hüften bekleidet – machen die Geschwister mit dem ebenso angetrunkenen Raimund von Hofmannsthal, dem Sohn des Dichters, eine mitternächtliche Autofahrt in die Berge Kaliforniens: «Welchem Heiligen haben wir unser Leben zu danken? Wie wir um die Kurven rasten, hinter denen der Abgrund lag! Entweder der Abgrund mochte uns nicht, oder Raimund war von der Geschicklichkeit der Schlafwandelnden. Dicht am Abgrund vorbei ging es ins neue Jahr.»

My dear Miss Lucy, das Leben, es ist ein Rausch!, lacht Klaus. Und es gehört uns! Wir sind jung!, johlt Erika. Solange wir zueinander halten, kann uns der Tod nichts anhaben!

Schlingernd und Staub aufwirbelnd saust Raimunds Wägelchen um die Kehren.

«Rote Kittel für die Buben, blaue für die Mädchen»

Eine Kindheit in München.
1905–1918

Als Erika und Klaus Mann in München geboren wurden, gab es noch kaum Automobile, und die wenigen, die über das Kopfsteinpflaster rumpelten, glichen eher Kutschen. München war nicht nur Hauptstadt eines Königreichs, sondern auch Zentrum der bildenden Künste und der Literaten in Deutschland. Das bayerische Königshaus, in jenen Jahren vom Prinzregenten Luitpold angeführt, gab sich seit jeher mäzenatisch und aufgeklärt und überließ getreu der Devise «leben und leben lassen» die Künste sich selbst, sofern sie nur die bestehende Ordnung nicht infrage stellten.

Die Nähe zu Italien, die bereits südliche Atmosphäre, die klassizistische Schönheit der Isarstadt und die geruhsame Sinnlichkeit der oberbayerischen Landschaft lockten Maler und Dichter, Architekten und Musiker an. Der Dichter Karl Wolfskehl schrieb rückblickend: «Es gab durch das ganze Jahrhundert und darüber hinaus [...] neben Paris nur noch *eine* Geisteshauptstadt mit nach allen Seiten offenen Toren, alles aufnehmend, allverstehend und allbildend und in seinem kleineren Ausmaass ebenso wichtig: München und noch einmal München. [...] Hier wurde alles menschlicher, in einem fast griechischen Verstande sinnenhaft, hier kam man ‹zu sich›, hier fielen die Hemmungen von Herkunft und Gewohnheit, hier mochte man sich geben oder bewahren, hier war Licht und helle hohe Luft, Freiheit und Einsamkeit für jeden, den danach verlangte.»

Eines der Nordlichter, der «Reingeschmeckten», die es an die Isar verschlagen hatte, war der junge Thomas Mann. In

25

Italien hatte er mehrere Jahre zugebracht und dort die «Buddenbrooks», den Abgesang auf seine hanseatische Familie, geschrieben. Nun hatte der früh Berühmte wieder in München Quartier genommen. Auch sein Urteil über die Stadt fiel hymnisch aus: «München leuchtete. Über den festlichen Plätzen und weißen Säulentempeln, den antikisierenden Monumenten und Barockkirchen, den springenden Brunnen, Palästen und Gartenanlagen der Residenz spannte sich strahlend ein Himmel von blauer Seide [...]»

Zum Leben des bürgerlichen Dichters gehörte ein gut Maß an Repräsentation und distinguiertem Luxus. Thomas Mann gab sich – wie er es selbst nannte – eine Verfassung, wusste er doch nur allzu gut um die dunklen, melancholischen, manisch-depressiven Seiten seines Wesens. Als wichtige Staatsmaßnahme betrachtete er die Gründung eines eigenen Haus- und Familienstandes. Er, der Verträumte, brauchte dabei eine starke, ordnende Hand an seiner Seite. Die fand er in der jungen Katia, Tochter des Münchner Mathematikprofessors Alfred Pringsheim. Dem Dichter war sie in der Straßenbahn aufgefallen. Katia Mann erzählte diese Anekdote noch im hohen Alter:

«Als ich aussteigen wollte, kam der Kontrolleur und sagte: Ihr Billet!

Ich sag: Ich steig hier grad aus.

Ihr Billet muß i ham!

Ich sag: Ich sag Ihnen doch, daß ich aussteige. Ich hab's eben weggeworfen, weil ich hier aussteige.

Ich muß das Billet –. Ihr Billet, hab ich gesagt!

Jetzt lassen Sie mich schon in Ruh! sagte ich und sprang wütend hinunter.

Da rief er mir nach: Mach daß d' weiterkimmst, du Furie!

Das hat meinen Mann so entzückt, daß er gesagt hat, schon immer wollte ich sie kennenlernen, jetzt muß es sein.»

Katia stand dem norddeutschen «Dichter des Verfalls» anfangs ablehnend gegenüber. Er aber blieb hartnäckig, und so willigte sie schließlich in die Ehe ein. Am 11. Februar 1905 feierten sie Hochzeit und bezogen in der Franz-Joseph-Straße 2 eine Wohnung mit sieben Zimmern. Das Mobiliar – Antiquitäten und maßgefertigte Stücke – sowie die Bibliothek mit wertvollen Gesamtausgaben stiftete zum Großteil Vater Pringsheim. Dem Dichter, der sich selbst in seinem Roman «Königliche Hoheit» als Prinz beschrieb, und seiner Frau sollte es nicht an Wohlstand und bürgerlicher Etikette mangeln.

Bereits im November 1905 kam das erste Kind zur Welt, ein Mädchen, das auf den Namen Erika getauft wurde. Eigentlich hatte sich Thomas Mann einen Stammhalter gewünscht, und so schrieb er an den Bruder Heinrich: «Es ist also ein Mädchen: eine Enttäuschung für mich, wie ich unter uns zugeben will, denn ich hatte mir sehr einen Sohn gewünscht und höre nicht auf, es zu thun. Warum? ist schwer zu sagen. Ich empfinde einen Sohn als poesievoller, mehr als Fortsetzung und Wiederbeginn meinerselbst unter neuen Bedingungen.»

Dies widerspricht der späteren Aussage Katias, ihr Mann sei immer mehr für die Mädchen gewesen. Zumindest ihre Großmutter Hedwig Dohm, eine damals berühmte Schriftstellerin und Frauenrechtlerin, hatte Thomas Mann, ohne ein Blatt vor den Mund zu nehmen, als «verdammten alten Anti-Feministen» beschimpft. Wie dem auch sei: dem erhofften Stammhalter war eine schwere Bürde in die Wiege gelegt.

Als ein Jahr später, im November 1906, doch ein Knabe zur Welt kam, wurde er symbolbeladen nach der Hauptfigur des eben entstehenden neuen Romans «Königliche Hoheit» auf die Namen Klaus Heinrich getauft. Dies war mehr als nur ein literarisches Spiel. Vielmehr äußerte sich darin ein Anspruch des Vaters an den Sohn, der sich, als er später nicht erfüllt zu werden schien, schnell zum Vorwurf wandelte, Klaus habe versagt.

Die Geschlechterrollen der Geschwister – es folgten bis 1919 noch weitere zwei Mädchen und zwei Knaben – schienen von Anfang an vertauscht. Das äußerte sich schon in der Kleidung. Klaus erinnert sich später: «Unsere ‹künstlerische Aufmachung›, das sind die Leinenkittel mit den hübschen Stickereien aus den Münchener Werkstätten. Mielein [Katia Mann] hat sie selber ausgesucht, rote Kittel für die Buben, blaue für die Mädchen, wie es sich gehört.»

Doch nicht nur äußerlich schienen Erika und Klaus komplementär. Auch in ihren Verhaltensmustern, was «typisch» Weibliches und Männliches anbelangt, tauschten sie die Rollen und wurden von vielen früh als Zwillinge betrachtet. Der geringe Altersunterschied tat ein Übriges. Erika war die Jungenhafte, die klettern, schwimmen, raufen konnte, den bayerischen Dialekt sprach, damit in der Münchner Tram ihren derben Schabernack mit Fahrgästen trieb und vor nichts Angst hatte. Klaus dagegen war eher ängstlich, früh zum Außenseiter abgestempelt – und: Er bewunderte und verehrte seine Schwester. «Erika», so schreibt er, «war die Rüstigste von uns. Sie konnte wie zwei Buben turnen und raufen, und sah aus wie ein magerer, dunkel hübscher Zigeunerjunge, dessen braune Stirn sich manchmal trotzig verfinstert. Als einzige von uns beherrschte sie die bayerische Mundart, die ich niemals erlernt habe. Wenn eines von den Kindern des [Tölzer] Zwickerbauern, mit denen wir manchmal spielten, sie fragte: ‹Ärika, magst an Äpfi?› konnte sie in ganz ähnlichem Tonfall antworten, was mir doch einfach unmöglich gewesen wäre.»

Klaus war kein Einzelgänger, aber er schloss sich leichter den Mädchen an: «Ich erlebte die Gemeinschaft, indem ich gegen sie opponierte. Zwar hatte ich schnell Freunde, vor allem unter den Mädchen. Aber ich bildete mit ihnen eine Outsidergruppe.» Besonders mit Erika hielt ihn ein ehernes Band zusammen. «Denn im Bereich des wirklichen Lebens gehörten Erika und ich zusammen», schreibt er rückblickend

Erika und Klaus in Leinenkitteln, um 1912. Klaus Mann schrieb in seinen Lebenserinnerungen: «Was soll daran nun ‹apart› sein? Und warum verhöhnen uns die Gassenkinder, wenn wir uns in unseren schmucken Wämsern auf der Straße zeigen?»

noch in den 40er Jahren, «unsere Solidarität war absolut und ohne Vorbehalt. Wir traten wie Zwillinge auf.»

Leider hat nur Klaus diese Kindheit beschrieben. Seine Schwester wird sich erst später als Briefpartnerin und Chronistin einschalten. Das ist kein Zufall. Erika wird immer die Realitätsnähere, die Lebensstärkere sein, Klaus dagegen, ausgesetzt seinen manisch-depressiven Stimmungen, sich stets nach dem verlorenen Paradies der Kindheit zurücksehnen und es mehrfach, vor allem in zwei Autobiographien, heraufbeschwören. Bezeichnenderweise gilt seine früheste Erinnerung auch Erika. Über die Zeit in der Mauerkircher Straße, dem zweiten Wohnsitz der Familie Mann, schreibt er:

«Die einzige Situation, deren ich mich stark erinnere, spielt eben auf diesem Balkon, und zwar drei Uhr nachts. Wir waren mitten in der Nacht aufgestanden – Erika vielleicht sieben-, ich sechsjährig –, nur um zu sehen, wie die Welt aussah, während man eigentlich schlafen sollte. Wir wagten nicht Licht anzumachen und hockten im finstern Spielzimmer auf dem kalten Linoleumboden. Dann traten wir auf den Balkon in unseren Nachthemden. Spüre ich nicht noch den Anhauch der nächtlichen Luft?»

Eine Grundeigenschaft der Geschwister zeigt sich bereits in diesem Urerlebnis: die Neugier auf das Leben. Bis zum Lebensende blieben beide der Welt und Umwelt aufgeschlossen, reisten umher, knüpften neue Bekanntschaften, waren empfänglich für künstlerische Anreize und neue Strömungen. Will man die geistige Vielfalt der ersten Hälfte des 20. Jahrhunderts kennen lernen, sind wenige Autoren so chronistenhaft-prägnant wie Erika und Klaus Mann. Besonders Klaus Manns Lebensbericht «Der Wendepunkt» gilt heute als eines der bedeutendsten literarischen Spiegelbilder dieser Zeit. In den Vorarbeiten dazu hatte der Autor geschrieben: «Ich bin müde aller literarischen Clichés und Tricks. Ich bin müde aller Masken, aller Verstellungskünste. [...] Ich will nicht mehr lügen. Ich will nicht mehr spielen.

Ich will bekennen.» Klaus Manns Autobiographie verrät im Gegensatz zur gängigen Memoirenliteratur eigentlich weniger über den Autor, der sich eher zurückhält, als über seine Zeit, über Lebens- und politische Umstände, über Weggefährten aus Literatur, Kunst und Politik.

War die Kindheit der Geschwister glücklich? Den äußeren Umständen nach ja. Die Verhältnisse waren gesichert und behütet. 1908 ließ Thomas Mann ein Landhaus in Tölz bauen, gelegen inmitten eines großen, baumbestandenen Grundstücks. Hier verbrachte die Familie bis zum Jahre 1917 die Sommermonate. Einige Erzählungen von Klaus Mann – so die «Kindernovelle» – spielen hier. «Das Paradies», so glorifiziert er später, «hat den bittersüßen Duft von Tannen, Himbeeren und Kräutern, vermischt mit dem charakteristischen Aroma des Mooses, das von der Sonne durchwärmt ist, der großen, mächtigen Sonne eines Sommertages in Tölz.»

Das Haus am Hang oberhalb des Städtchens steht heute noch. Auch die Umgebung hat sich wenig verändert. Hier ersannen Erika und Klaus ihre Spiele, mit den kleinen Geschwistern Monika und Golo als Komparsen. Da war zum Beispiel das «Gro-Schi-Spiel»: Haus und Garten verwandelten sich in einen Ozeandampfer, das Kindermädchen, die kleinen Geschwister, der Vater und der Hund Motz stellten in der Phantasie der Kinder Kapitän, Matrosen und Passagiere dar. Erika war eine Prinzessin, Klaus und Golo die reichen Herren Steinrück und Löwenzahn.

«Sie waren keine frivolen Draufgänger, unsere reisenden Millionäre», erzählt Klaus, «vielmehr handelte es sich um zwei Herren gesetzten Alters, die eine schwere Last von Verantwortlichkeiten und väterlichen Sorgen zu tragen hatten. Kurze, aber inhaltsschwere Radiogramme informierten sie über die beunruhigenden Schwankungen an der Börse; atemlose Geheimboten überbrachten furchtbare Bulletins, das Betragen der fernen Söhne betreffend. Diese jungen Leute – typische Repräsentanten frivol-sybaritischer *jeunesse dorée* – verschwendeten Millionen für grandiose Ankäufe von Karamelbonbons auf Schokoladentorten, worüber die geplagten Väter, nebeneinander auf dem Promenadendeck spazierend, sorgenvoll die Köpfe schütteln mußten.»

Bedroht wurde diese autarke Schiffswelt der «Üsen» – was im Geschwistercode so viel wie «die Lieben» oder «die Guten» bedeutete – durch «Klie-klie», das Reich der Finsternis. Zahllose Abenteuer im Kampf der guten und bösen Mächte waren zu bestehen.

Überhaupt zeigten Erika und Klaus schon früh eine ausgeprägte Sprachphantasie mit eigenen Codierungen. Das Adjektiv zu «Klie-klie» etwa hieß «wuffig». Nahezu alle Mitglieder der Mannschen Familie besaßen Necknamen, die meist auf die ältesten Geschwister zurückzuführen waren. So hieß Katia Mann «Mielein», Klaus «Eissi», die Großeltern Pringsheim «Offi und Ofey» oder einfach nur die «Urgreise». Thomas Mann war der «Zauberer» oder kurz «Z.», weil er einmal ein angebliches Gespenst (Klaus nennt es «Me-Me»), das im Kinderzimmer sein Unwesen getrieben, mit Erfolg in die Schranken gewiesen hatte: «Sagt ihm nur, daß ein Kinderschlafzimmer kein Ort ist, wo anständige Geister sich herumtreiben, und daß er sich schämen sollte. Und wenn das immer noch nicht genügt, so tut ihr gut daran hinzuzufügen, daß euer Vater sehr reizbar ist und häßlichen Spuk in seinem Haus nicht duldet. Dann wird er sich bestimmt aus dem Staube machen. Denn es ist eine in Geisterkreisen wohlbekannte Tatsache, daß ich wirklich sehr schrecklich sein kann, wenn ich einmal die Geduld verliere.»

Nicht nur im Erfinden neuer Wörter waren Erika und Klaus Meister. Erika konnte auch verschiedene Idiome meisterhaft nachahmen. In der Kindheit war das noch der bayerische Dialekt, in dem sie sich mühelos mit den Tölzer Bauernkindern unterhielt, während hingegen Klaus in der Schule als «Saupreiß» gehänselt wurde. Später, als erwachsene Frau, ahmte sie des Vaters hohe Literatursprache und deren ironische Brechung im alltäglichen Gespräch nach, so-dass der Schriftsteller Ludwig Marcuse einmal fassungslos und mit einem Anflug von Neid feststellte: «Sie beherrschte die Thomas-Mann-Sprache fließend, wie nur eine Eingeborene. Der Schöpfer dieses bekannten deutschen Dialekts schrieb ihn nur; die Tochter aber sprach ihn – und trieb soviel Allotria damit, daß er sie gewiß beneidete.»

Klaus hingegen übte sich frühzeitig im Erfinden von Geschichten und missbrauchte dabei seinen jüngeren Bruder Golo als Publikum: «Ich konnte erfinden wie die listige Dame der Tausendundeinen Nacht, so endlos und so phantastisch. [...] Ich fabulierte von Königen, Hexen und orientalischen Großkaufleuten, wobei ich etwas mit der Zunge anstieß. Golo trippelte nebenher, das finster-schlaue Mäusegesicht vom glatten Pagenhaar witzig gerahmt, verzaubert von den Verwicklungen meiner Mären [...]» Kaum hatte er schreiben gelernt, füllte er Dutzende von Heften mit seinen Dramen und Erzählungen. «In schärfstem Tempo entstand jene Fülle von Dramen, Romanen, Skizzen und Balladen, die ich mir fast alle aufgehoben habe und deren Masse mich so erschreckt», urteilt er aus der zeitlichen Distanz. «Was ich mir nicht alles habe einfallen lassen!» Golo wurde von seinem Dichterbruder, der mit kindlich-unbeholfener Schrift seine Dramenhefte an Münchner Theater gesandt hatte, zu den Intendantenbüros geschickt, mit dem Auftrag, sich im Namen des «Herrn Klaus» zu erkundigen, wann man die bedeutenden Werke auf der Bühne aufzuführen gedenke.

Mehr zum gesprochenen Wort, zur Kunst der Schauspielerei, neigte Erika in jenen Kindheitsjahren – der «Familienfluch» der Schriftstellerei ereilte sie erst später auf der Reise um den Globus. Wenn es dem Mädchen in der Schule nicht gefiel, täuschte sie gekonnt eine Kreislaufschwäche vor und sank ohnmächtig nieder. Als der Onkel Peter Pringsheim einmal zu Besuch war und bei Tisch Goethes «Der neue Amadis» vortrug – immerhin ein Gedicht von 30 Versen –, brillierte die siebenjährige Erika Stunden später damit, dass sie das Gedicht fast fehlerlos nach einmaligem Hören hersagte. Freilich wurde ihre Vorstellung für sie zur herben Enttäuschung, glaubte ihr doch keiner der Erwachsenen, Onkel Peter ausgenommen, dass sie unterdessen das Gedicht nicht nachgeschlagen hatte.

Gemeinsam verfassten die Geschwister in jenen Jahren auch erste eigene «Gedichte». Ein Beispiel hierfür zitiert Klaus Mann in seinem Lebensbericht «Kind dieser Zeit»:

«Meine ersten Gedichte machte ich mit Erika zusammen. Wir schrieben sie säuberlich ab, malten was Phantastisches drum und legten sie unserem armen Vater morgens unter die Serviette. Wenn er sich zum Frühstück niedersetzte, fand er, nahe seinem Eierbecher, Balladen von dieser Art:

> Der böse Mörder Gulehuh,
> Der jagte eine bunte Kuh.
> Die bunte Kuh, die sträubt sich sehr,
> Der Gulehuh kriegt das Messer her.
> Er haut der Kuh das Köpfchen ab,
> Der Bauer kommt dabei im Trab.
> Er hat den Gulehuh eingefangen,
> In drei Tagen soll er am Galgen hangen.
> Da weint der Mörder Gulehuh.
> Da weint er sehr und schreit huhu –
> Ich wills gewiß nicht wieder tun,
> Um Gottes will'n, verzeiht mir nun!

Und dann», so Klaus augenzwinkernd, «sollte einem das Frühstück auch noch schmecken.»

In der Nähe des Tölzer Sommerhauses befindet sich der Klammerweiher, ein mooriger Tümpel, dessen Wasser die Glieder golden färbt. Klaus und Erika lernten hier das Schwimmen, die Schwester leicht, der Bruder nur unter Mühen. In der «Kindernovelle» hat Klaus Mann den Weiher verewigt. Dort schwimmt und taucht Till, ein junger Mann und erotisches Wunschbild des jugendlichen Autors, im Tümpel und verwirrt die Betrachter durch seine nackte Schönheit. Der Klammerweiher war es aber auch, der die Kinder Klaus und Erika zum ersten Mal bewusst an den Tod heranführte: Eines Tages ertrank darin ein Bäckergeselle, und die Geschwister kamen mit dem Kindermädchen zur Leichenhalle, wo der Tote offen aufgebahrt lag. Klaus' eigene fatale Nähe zu den Verführungen des Todes mag damals zum ersten Mal angerührt worden sein. «Worauf tat er sich denn so viel zugute, der Schweigende dort zwischen den Blumen und Kerzen?», schreibt er später über dieses Schlüsselerlebnis. «Hatte er denn eine Heldentat vollbracht, indem er im Klammerweiher ertrank? Oder war es die bloße Tatsache, daß er tot war, die ihn so prinzlich und so kostbar machte? [...] wir standen reglos, versunken in das Bild dieser unbegreiflichen Hoheit, als Affas Stimme uns mahnte: ‹Zeit zum Nach-Hause-Gehen, Kinder! Jetzt habt ihr ihn ja gesehen.›»

Als Katia Mann 1912 an Tuberkulose erkrankte und in den folgenden Jahren wiederholt in Sanatorien eingeliefert werden musste, bedeutete dies für die damals vier Geschwister, dass sie der Allmacht häufig wechselnder Gouvernanten ausgeliefert wurden. Der Vater vergrub sich mehr und mehr in seinem Arbeitszimmer, und so begann für die Kinder und ihre Erzieherinnen eine Zeit gegenseitiger Tyrannei, denn auch Letztere hatten es mit den aufmüpfigen und gewieften Gören sicher nicht leicht.

Im Januar 1914 bezog die Familie eine neu errichtete herrschaftliche Villa in der Poschinger Straße im Münchner Herzogpark, unmittelbar an der Isarleite gelegen. Dieses Haus blieb bis zum Exilbeginn 1933 Wohnsitz der Manns und wurde ein Zentrum des deutschen Geisteslebens. Im großen Zimmer zum Garten hin, mit halbkreisförmigem Erker, befand sich Thomas Manns Zauberwerkstatt. Hier entstanden unter anderem die «Betrachtungen eines Unpolitischen»,

«Der Zauberberg» und der erste Band der «Joseph-Romane». Zwei Stockwerke darüber wurde in den 20er Jahren die «junge» Literatur in den Räumen von Klaus und Erika geschrieben.

Erika und Klaus erhielten zunächst im Institut von Fräulein Ebermayer Unterricht, einer Verwandten des Schriftstellers Erich Ebermayer, mit dem die Geschwister Jahre später Freundschaft schlossen. In diesem «Etablissement von altmodisch-muffiger Gediegenheit» lernten sie den Nachbarsbuben Ricki Hallgarten kennen. Andere Schüler und zugleich Nachbarskinder waren Gretel und Lotte Walter, die Töchter des Dirigenten Bruno Walter. Erika und Klaus hatten die beiden auf dem Schulweg einmal an den Zöpfen gezogen und gepiesackt. Bruno Walter rief daraufhin empört bei Manns an, Katia Mann rettete die Situation, indem sie Walters zum Tee einlud, woraus eine lebendige Freundschaft zwischen Thomas Mann und dem Dirigenten erwuchs.

Erika und Klaus führten bald eine Kinderrotte an, die sich die «Herzogpark-Bande» nannte. Dazu gehörten auch Ricki, Lotte und Gretel. Man erschreckte mit bunt geschminkten Gesichtern und wildem Geheul Spaziergänger. Auch in der Poschinger Straße trat man avantgardistisch auf: «Wir erschienen mit blutigen Bißwunden an Händen und Hals und mit kunterbunt hergerichteten Gesichtern zum Mittagessen.» Erika, die vollendete Stimmenimitatorin, rief wildfremde Leute an und sprach mit der Stimme der Schauspielerin Delia Reinhardt Einladungen zum Tee aus. Die Diva wird über den plötzlichen Ansturm von Autogrammjägern an ihrer Tür mehr als erstaunt gewesen sein. Andere Streiche der Kinder waren nicht ganz so harmlos. So betraten die Kinder einmal ein Geschäft, und Erika lenkte mit ihren ernsthaft geäußerten Wünschen nach seltenen Gewürzen wie Safran und Ingwer die Verkäuferin ab, während ihre Komplizen wie die Raben stahlen. In der Straßenbahn erschreckte Erika in breitestem Bayrisch die anderen Fahrgäste laut deklamierend mit grausigen Erzählungen von einem sadistisch veranlagten Verwandten. Gewonnen hatte sie das Spiel – so war die Regel –, wenn die Fahrgäste die Flucht ergriffen und vorzeitig ausstiegen.

Unterdessen war der Erste Weltkrieg ausgebrochen, und Thomas Mann brütete über seinen kulturpatriotischen «Betrachtungen eines Unpolitischen» – in fehdenhafter und verunglimpfender Abgrenzung zum kosmopolitischen Bruder Heinrich, dem «Zivilisationsliteraten». Er wurde zunehmend gereizt und ungeduldig, nicht nur dem Gespenst «Me-Me» gegenüber, sondern auch zu seinen Kindern. Klaus schrieb als Erwachsener versöhnlich:

«‹Vater› bedeutet eine freundliche, sonore Stimme, die langen Bücherreihen im Arbeitszimmer – feierliches Tableau voll geheimnisvoller Lockung! –; der wohlgeordnete Schreibtisch mit dem stattlichen Tintenfaß, dem leichten Korkfederhalter, der ägyptischen Statuette, dem Miniaturporträt Savonarolas auf dem dunklen Grund; gedämpfte Klaviermusik, die aus dem halbdunklen Wohnzimmer kommt. [...] Von neun Uhr morgens bis zwölf Uhr mittags muß man sich still verhalten, weil der Vater arbeitet, und von vier bis fünf Uhr nachmittags hat es im Hause auch wieder leise zu sein: Es ist die Stunde der Siesta. Sein Arbeitszimmer zu betreten, während er dort mysteriös beschäftigt ist, wäre die gräßlichste Blasphemie. Keines von uns Kindern hätte sich dergleichen je in den Sinn kommen lassen.»

Weniger verklärt sind die Erinnerungen Golos, der als alter Mann bekannte: «Am Vater hatte ich, hatten wir früher mit beinah gleicher Zärtlichkeit gehangen wie an der Mutter, das änderte sich während des Krieges. Wohl konnte er noch Güte ausstrahlen, überwiegend aber Schweigen, Strenge, Nervosität oder Zorn. Nur zu genau erinnere ich mich an Szenen bei Tisch, Ausbrüche von Jähzorn und Brutalität, die sich gegen meinen Bruder Klaus richteten, mir selber aber Tränen entlockten.»

Hart auch die Reaktion des Vaters auf eine lebensgefährliche Erkrankung des Sohnes Klaus im Frühsommer 1915. An die Verlegersgattin Hedwig Fischer schrieb er zunächst erschüttert: «Ich wollte Ihnen Nachricht geben über unseren kleinen Dulder. Er macht Unglaubliches durch. Die schwere Bauchfellentzündung war so gut wie überstanden und wir wurden von Tag zu Tag zuversichtlicher, als Anzeichen für Darmverschluß auftraten – Verklebungen und Verwachsungen als Folge der Eiterung und des Heilungsprozesses. Es war eine neue, wirklich fast phantastische Operation nötig, die ungefähr darin bestand, daß die ganze Bauchhöhle geöffnet, das Gedärm herausgenommen, auf einen gewärmten Tisch gelegt, durchsucht, geöffnet und wieder eingenäht wurde: eine Sache von 1¾ Stunden. Das Herz hielt aus, auch nachher. Aber dann kam Darmlähmung – ein absolutes Versagen des Apparates, das drei Tage lang anhielt und eine neue Bauchfellentzündung wahrscheinlich machte. Gestern hielten wir das Kind für verloren.» Nach der überraschenden Rekonvaleszenz des Sohnes schrieb er dagegen schnoddrig: «Daß er durchkam, zeugt von einer Lebenskraft, die ich dem schlaffen kleinen Träumer nicht zugetraut hätte.»

Klaus Mann behauptete später hartnäckig, seine Mutter habe ihm das Leben gerettet, indem sie ihm – die Ärzte hatten ihn schon aufgegeben – den Körper mit Kölnischwasser eingerieben und so die Tätigkeit des Organismus wieder angeregt habe. «So hat sie [die Mutter] eigentlich doppeltes Recht auf mein Leben», schrieb er 1930 in einem Artikel mit dem Titel «Das Bild der Mutter». Und weiter: «Der Gebrauch, den sie von diesem Recht macht, besteht darin, daß sie weiter hilft, wenn es nottut (es tut manchmal not), im übrigen allem den Gang läßt, den es nehmen will. Es war nicht immer ein einleuchtender Gang. Aber solange sie zuschaut, wird er sich niemals hoffnungslos verwirren.» Zeitlebens war seine Bindung an Katia Mann neben der zu Erika die wohl engste. Die Mutter half in ihrer unkomplizierten, praktischen Art und steckte dem Sohn immer wieder Geld zu (er konnte seine bisweilen aufwendige Lebensführung – stets wohnte er in Hotels – nie durch eigene Honorare decken und war bis zum Tode finanziell von den Eltern abhängig). Sie hörte ihm zu, wenn er berufliche oder private Sorgen hatte, versuchte stets, zwischen Vater und Sohn ausgleichend und versöhnend zu vermitteln – eine Aufgabe, die sicher nicht immer leicht war. Dass sie – besonders gegen Ende von Klaus' Leben – vielfach von seinen Problemen überfordert wurde, ist ihr eigentlich nicht zu verdenken. Klaus Mann jedenfalls schrieb liebevoll über sie: «Jede Kindheitserinnerung hat mit der Mutter zu tun, sie herrscht mit sanfter und geheimnisvoller Macht über alle.»

Der Krieg und die zunehmenden Versorgungsengpässe gingen auch am vermögenden Hause Mann nicht spurlos vorüber. Nicht nur, dass Thomas Mann 1917 das Tölzer Haus verkaufte und das Geld in Kriegsanleihen anlegte; auch der «Kohlrübenwinter» von 1917 verlangte von allen Opfer. Die Heizung fiel aus, es gab Margarinebrot mit Kunsthonig. Selbst im vornehmen Haus der Großeltern Pringsheim wurde am Sonntag nur ein «ausgemergelter Vogel» aufgetischt, eine «Art Reiher von penetrant tranigem Geschmack», und «scheußlicher rosa Ersatzpudding». An einem kalten Wintermorgen beschließen Erika und Klaus – denn so furchtbar ungebärdig und selbstsüchtig sind sie gar nicht –, die Mutter mit Eiern, die es auf dem freien Markt kaum noch gibt, zu überraschen. «Irgendwo in der Vorstadt», erinnert sich Klaus, «hatten wir einen winzigen Laden entdeckt, in dem solche Kostbarkeiten zu haben waren, vorausgesetzt, daß man genug Zeit und Geduld hatte, um von sechs Uhr morgens bis zur Mittagsstunde anzustehen. Eben das taten wir – der köstliche Preis schien jedes Opfer wert. Wir bekamen die Eier. Wie glatt und appetitlich sie sich anfühlten! Sechs zerbrechliche Kleinode, ein halbes Dutzend zarter Talismane ... Glückstrahlend machten wir uns auf den

Heimweg. Ich trug die Eier in meiner Pelzkappe, da der Ladenbesitzer uns eine Papiertüte verweigert hatte. Aber meine bloßen Hände waren starr vom Frost. Das Schreckliche, das Unvermeidliche geschah: Die sechs Eier rollten aus der Mütze, die ich ungeschickt hielt, und zerbrachen vor unseren entsetzten Augen. Es war unbeschreiblich traurig, ja, es war wirklich zum Weinen, die schönen Dotter zu sehen, die – ein gelblich seimiges Bächlein – zwischen den Pflastersteinen versickerten. Wir brachen denn auch prompt in Tränen aus. Mir scheint es jetzt, daß unsere Tränen zu Eis erstarrten, während sie unsere Wangen herunterliefen. Nie ist mir die Welt so kalt, so unfaßlich hart und grausam vorgekommen.»

In jenem Winter 1917/18 brach im fernen Russland die Revolution aus, nachdem die deutschen Behörden Vladimir Iljitsch Lenin die Durchquerung des Reichsgebietes Richtung St. Petersburg in einem plombierten Zug gestattet hatten. Ein Jahr später sollten auch in München, wo Lenin vor dem Krieg in unmittelbarer Nähe zu Thomas Mann gelebt hatte, die Unruhen der Räterepublik aufflammen. Das bürgerliche Zeitalter ging zu Ende, aber nicht in melancholischem Verblühn wie in den «Buddenbrooks», sondern mit einem lauten Knall. Besonders im Hause des hanseatischen Dichters wurde der Verlust der alten Werte symbolträchtig vom «niederen» Stand besiegelt: Affa, das langjährige Dienstmädchen, unangreifbare Institution des Hauses, hatte über Jahre hinweg gestohlen und sich ein ganzes Warenlager angelegt! Klaus Mann schreibt in einer Mischung aus ironischer Schadenfreude und scheuer Achtung:

«Es war anläßlich des Streites um den roten Wein, daß Affa die Hand gegen den Vater erhob. Ja, das Ungeheuerliche geschah: Sie schlug nach ihm mit geballter Faust und hätte ihm vielleicht das Nasenbein zertrümmert, wäre er nicht mit überraschender Geistesgegenwart beiseite gesprungen. Immerhin traf sie seine linke Schulter, woraufhin er, nach übereinstimmendem Bericht aller Chronisten, vernehmlich ‹Au!› sagte. Einige Historiker wollen wissen, daß er nach kurzem Nachdenken auch noch hinzufügte: ‹Da hört sich aber wirklich alles auf!› [...] Affa hatte sich am Herrn des Hauses vergriffen! Es war das Äußerste, die Katastrophe. Es war Revolution. [...] Ich begann, Affa zu bewundern. So viel Verderbtheit war eindrucksvoll. Einen schlechten Menschen kann man verurteilen und verachten; aber für das Symbol aller Schlechtigkeit, den Ausbund aller Laster empfindet man eine Art von bestürztem Respekt, in welchen sich Mitleid mischt.»

«Die Alten sind Schweine und Narren»

Frühlings Erwachen.
1919–1924

«Revolution! Revolution! Militärautos durchsausen die Stadt, Fensterscheiben werden eingeschmissen. Kurt Eisner ist Präsident; – Zu lächerlich. Und trotzdem schmeichelt es einem zu denken, in hundert Jahren rede man von der bayerischen wie von der Französischen Revolution.» Mit diesem Aufschrei beginnt das «Tagebuch» des eben zwölfjährigen Klaus Mann in der literarischen Version der späteren Autobiographie «Kind dieser Zeit». Das plötzliche Interesse an der Politik ist zunächst noch spielerisch. Dennoch merkt er: Es sind denkwürdige Tage und Wochen. Philipp Scheidemann hat in Berlin die Republik ausgerufen. Der Kaiser hat abgedankt und ist nach Holland geflohen. Auch Bayern hat keinen König mehr. Als Ludwig III., so will es die Legende, noch ahnungslos im Münchner Residenzgarten spazieren geht, während in der Stadt bereits die Spartakisten kämpfen, kommt ein revoltierender Arbeiter besorgt auf ihn zu und ruft: «Majestät! Gangan S' hoam! Revolution is!» In München branden Revolution und Gegenrevolution. Kurt Eisner, bayerischer Ministerpräsident und Vorsitzender der USPD, wird im Februar auf dem Weg zum Landtag niedergeschossen, die Kommunisten unter Eugen Leviné, Ernst Toller und Gustav Landauer ergreifen die Herrschaft. Bald jedoch überziehen die von Berlin gesandten «Weißen» Truppen die bayerische Landeshauptstadt mit ihrem Terror und knüppeln und schießen die erste deutsche Arbeiterrepublik nieder. Mehr als 1000 Gefangene werden Anfang Mai 1919 ermordet. Gustav Landauer wird festgenommen und vom Freiherrn von Gagern im Gefängnis Stadelheim erschlagen, Ernst Toller kommt ins Zuchthaus. Eine trügerische Ruhe kehrt in München ein, das bereits wenige Jahre später wieder vom so genannten Hitler-Putsch erschüttert werden wird. Klaus Mann jedenfalls notiert in einer Mischung aus Mitgefühl und pubertärromantischer Schwärmerei am 8. Mai 1919 in besagtes literarisiertes Tagebuch: «In unserer Schule war das Regiment einquartiert, das Rosa Luxemburg und Karl Liebknecht getötet hat. – In unserem Schulhof sind zwei Spartakisten erschossen worden. Der eine, ein siebzehnjähriger Junge, ließ sich nicht einmal die Augen verbinden, Poschenrieder sagte, das wäre fanatisch. Ich finde es heldenhaft.»

Die Räterepublik war am großbürgerlichen Haus des vor gar nicht langer Zeit so kaisertreuen Thomas Mann vorübergegangen. Während die roten Garden andere Villen im Herzogpark durchsuchten, wusste Ernst Toller dies vom Heim seines Dichterkollegen abzuwenden.

Dennoch: Mit der Ruhe im Hause Mann war es vorbei. Die beiden ältesten Geschwister sogen gierig und zunächst wahllos alles auf, was an republikanischen oder revolutionären Ideen das öffentliche Leben jener Zeit durchzog. Klaus etwa schrieb im April 1919 eine Abhandlung, dass kein Gott sei. Seine Mutter lag in den Wehen. Als der Arzt, der in den Revolutionswirren aufgehalten wurde, weil eine Brücke gesperrt war, endlich doch noch in der Poschinger Straße ankam und Katia Mann bei der Geburt des jüngsten und letzten Kindes Michael beistand, zeigte Klaus ihm seinen Aufsatz und erhielt von dem Skeptiker beipflichtendes Lob.

Halb kritisch, halb hilflos standen die Eltern den Ideen von Erika und Klaus gegenüber. Wiederholt schlichen sich die Geschwister in das «Allerheiligste», die Bibliothek des Vaters, ein und verschlangen Bücher, für die sie nach Ansicht der Erwachsenen noch nicht reif genug waren. Entsprechend eklektizistisch, aber mit deutlichem Hang zum Exzentrischen, Dekadenten, Exquisiten, war die Lektüre der Geschwister.

Besonders Klaus hat uns eine ausführliche Liste seiner Lesefrüchte hinterlassen. In seinem «Olymp», wie er es nannte, herrschten Geister wie Platon, Novalis, Oscar Wilde, Walt Whitman, Georg Trakl, Herman Bang, Stefan George, Friedrich Nietzsche, Paul Verlaine und Arthur Rimbaud.

Es blieb nicht bei der Lektüre. Die Geschwister wollten die dramatischen Werke der Weltliteratur auf die Bühne bringen. Am 1. Januar 1919 gründeten Erika, Klaus und Ricki Hallgarten den «Laienbund Deutscher Mimiker». Mitglieder waren außer ihnen Lotte und Gretel Walter, Willi Süskind, Gerta Marcks sowie die kleineren Geschwister Golo und Monika. Bei der Gründung der Truppe wurde so viel gelacht und geblödelt, dass, so berichtet Klaus, «Erika auf offener Straße etwas Grauenhaftes passierte». Man gab bei Hallgartens und Manns bald die ersten Stücke: Lessings «Minna von Barnhelm», Molières «Der Arzt wider Willen», Shakespeares «Was ihr wollt», Theodor Körners «Die Gouvernante» und schließlich Klaus Manns eigenes Jugenddrama «Ritter Blaubart». In das «Mimikbuch», die Vereinschronik, schrieb Thomas Mann gut gelaunt die folgende Kritik:

«Der ‹Laienbund›, jenes junge theatralische Unternehmen, von dessen Begründung und Zwecken auf vorstehenden Blättern Nachricht gegeben, hatte sich vorgesetzt, am verwichenen Sonntag einen ersten Beweis seiner künstlerischen Daseinsberechtigung zu liefern, was ihm denn auch nach dem wohl einstimmigen und vom Ref. gern zu bestätigenden Urteil der gebildeten Öffentlichkeit recht wohl gelang. In Szene ging ‹Die Gouvernante› [...]. Die Gouvernante wurde von Fräulein Titi [Erika Mann] mit verständiger Distinktion verkörpert. [...] Als Luise bewies Herr Klaus viel Biedersinn, doch bleibt der hoffnungsvolle Darsteller aufmerksam zu machen, daß das Sprechen gegen den Hintergrund in Kennerkreisen mit Recht als Unsitte gilt, da es das Verständnis der Dichterworte, von denen ein jedes dem Gebildeten teuer ist, erschwert. [...] Die Kostüme waren

Klaus Mann im Alter von zwölf Jahren.

«In all diesen Jahren las ich mit einem Heißhunger, der sich, durch keinerlei Vorkenntnisse oder Voraussetzungen gehemmt, auf die Weltliteratur stürzte. [...] Mein Olymp ist voll von Kranken und Sündern. Der wissensdurstige Knabe glaubte, von ihnen am meisten lernen zu können über die Geheimnisse der menschlichen Natur.»

stilvoll, die Dekorationen würdig, die Zuhörerschaft erlesen [...]»

Über diese Zeit der ersten Bühnenerfahrung schrieb Erika Mann später: «Damals, während ich die Viola spielte [in «Was ihr wollt»], erfand ich für mich das Theater als Beruf.» Von der Bühne kam sie nicht mehr los. Engagements bei den Münchner Kammerspielen, bei Max Reinhardt in Berlin, in Bremen und Hamburg und auf den Tourneen der Skandaldramen des Bruders sollten wenige Jahre später folgen, bis sie schließlich 1933 Prinzipalin eines eigenen Kabaretts wurde.

Die jungen Schauspieler suchten persönlichen Anschluss an die große Theaterwelt. Hier war wieder einmal Erikas Kunst der Stimmenimitation nützlich. Sie hatten es besonders auf den Schauspieler Albert Fischel abgesehen. Wie üblich griff sie kurzerhand zum Telefon. Klaus Mann berichtet: «Als sie dem jugendlichen Liebhaber unseres Stadttheaters, Albert Fischel, ihre Liebe gestand, war sie der albern verschwärmte Backfisch, der vor kicherndem Getue kaum ein Wort hervorzubringen vermag. ‹Sie gefallen mir halt so gut, Herr Fischel!› behauptete das untergeordnete Geschöpf, das sich telefonisch als Friedl Rucktascherer vorgestellt hatte. ‹Ihr G'schau, und die schlanken Füß' – alles so aristokratisch!›» Der junge Fischel, Dandy par excellence, mag nicht schlecht gestaunt haben, als er dem Backfisch ein Rendezvouz gestattete und sich ihm die selbstbewusste Erika Mann vorstellte. Aus dem Überfall entwickelte sich eine Freundschaft, und bald zogen Erika und Klaus mit «Bert», wie sie ihn nannten, durch das Münchner Nachtleben.

Klaus schwärmte unterdessen für den einen oder anderen Jungen an seiner Schule, dem Wilhelmgymnasium. Aus Haß gegen dessen geistig enge Atmosphäre suchte er bewusst den intellektuellen Snob und verruchten Poète maudit hervorzukehren. So unterbreitete er einmal seinem Deutschlehrer eine eigene Erzählung mit dem Titel «Vorfrühling», worin in ungeschminkter Weise von einer Liebe zwischen jungen Männern die Rede war. «Ich erinnere mich», schreibt er, «daß der Professor, als er mir meine Dichtung zurückgab, sowohl schmerzlich als verächtlich zu mir sagte: ‹Wenn *das* Ihr Frühling ist –› wobei er auf eine bittere, ja saure Art die Mundwinkel senkte.»

Thomas Mann war von den schauspielerischen und literarischen Ambitionen seiner Ältesten nicht nur erfreut, sondern zugleich verunsichert. Parallel zur Münchner Revolution des Frühlings 1919 fühlte er sich auch persönlich bedroht, nämlich durch Klaus' literarisch selbstbewusstes Auftreten als auch durch dessen körperliches Reifen. Thomas Mann, der noch wenige Jahre zuvor eigene homoerotische Gefühle in seiner Novelle «Der Tod in Venedig» ästhetisiert und sublimiert hatte und seinen Antihelden Gustav von Aschenbach für die Schönheit Tadzios in den Tod gehen ließ, verliebte sich nun schlechten Gewissens in die Schönheit des eigenen Sohnes.

Bereits im Herbst 1918 notierte er in sein Tagebuch: «Gestern abend bemerkte ich durch die verschlossene Glasthür der Kinderwohnung Licht, und da ich Katja ohnehin wecken mußte, denn sie hatte mich ausgesperrt, so wurde nachgeforscht. Es zeigte sich, daß Eissi [Klaus] bei beleuchtetem Zimmer und phantastisch entblößt in seinem Bette lag. Er wußte auf Fragen keine Antwort zu geben. [...] Jemand wie ich ‹sollte› selbstverständlich keine Kinder in die Welt setzen.»

Noch anderthalb Jahre später, er plante – erneute Sublimierung – eine «Vater-Sohn-Novelle», heißt es im Tagebuch: «Entzücken an Eissi [Klaus], der im Bade erschreckend hübsch.» Und wenige Monate darauf: «Ich hörte Lärm im Zimmer des Jungen und überraschte Eissi völlig nackt vor Golo's Bett Unsinn machend. Starker Eindruck von seinem vormännlichen, glänzenden Körper, Erschütterung.» Womöglich hat diese Verbindung von jungem Körper und aufmüpfigem Geist den Dichter verunsichert: «Das Mannwerden Eissi's zu betrachten, ist mit wunderlichen Empfindungen verbunden. Er wechselt die Stimme jetzt, sein Kehlkopf wächst, seine bloßen Beine sind kolossal, die Richtung seiner Meinung revolutionär.» Die Meinungen des Sohnes wurden ihm bald *zu* aufsässig. Im Herbst 1919 erschien in der Schülerzeitung des Wilhelmgymnasiums Klaus Manns Prosaskizze «Die Gotteslästerin», worin er sich über die Spartakistenangst der Bürger mokierte. Die Redaktion der Zeitschrift druckte den Text zwar ab, um ihren Lesern ein Beispiel für die jüngste expressionistische Dichtung zu liefern, distanzierte sich jedoch gleichzeitig vom Inhalt.

Als die Mutter Hefte und Tagebücher des Pubertierenden fand mit Texten wie «Visionen der Unzucht», die, so Klaus selbst, «sich gewaschen» hatten, kam das Fass zum Überlaufen. Thomas Mann notierte erregt in seinem Tagebuch: «Gestern Abend erschütterndes Vorkommnis mit K[atia]. Sie hatte Klaus' Tagebuch offen liegend gefunden und gelesen. Ohne gerade eigentliche Schlechtigkeit zu offenbaren, zeugt es von so ungesunder Kälte, Undankbarkeit, Lieblosigkeit, Verlogenheit, abgesehen von den literarisch-radikalistischen Flegeleien und Albernheiten, daß das arme Mutterherz tief enttäuscht und verwundet war.»

Man versuchte es mit gutem Zureden. Auch Thomas Mann brachte durchaus Geduld auf, wenngleich seine Tröstungen eher unbeholfen wirkten: «Ich war zärtlich mit Erika, die ich kräftig, braun und hübsch fand, und ließ Klaus meine Neigung merken, indem ich ihn streichelte und ihm zuredete guten Muts zu sein, auch wenn das Leben ‹nicht immer ganz einfach› sei. Ich nehme an, daß seine Männlichkeit ihm zu schaffen macht.»

Mag sein, der Vater wurde seiner heranwachsenden Kinder nicht mehr Herr. Andererseits nahm er sie und ihre Neigungen nicht ernst, weder die Aufführungen des Mimikbundes noch die literarischen Produktionen seines Sohnes, die er im Tagebuch als «Vor- und Fingerübung» bezeichnet, über die er bei der Lektüre «recht lachen» könne. Als den Eltern auch noch zu Ohren kam, dass die Geschwister sich mit dem jungen Schauspieler Fischel in der Münchner Boheme umhertrieben, wussten sie sich nur noch einen Rat: Sie schickten die beiden im April 1922 in ein Internat, in die Bergschule Hochwaldhausen in der Rhön. Im Grunde waren Erika und Klaus froh, dem verhassten Gymnasium in München entkommen zu sein. Auf die Dauer waren Erikas Ohnmachtsanfälle im Unterricht und Klaus' Liebesbekenntnisse ohnehin unglaubwürdig geworden. Zudem konnten die Geschwister hier zusammenbleiben. Besser konnte es also kaum sein!

Doch trog der reformpädagogische Schein der Bergschule. Das Verhältnis zwischen Lehrern und Schülern war auch hier gestört, ein typischer Generationenkonflikt, wie er besonders in der Umbruchszeit der Nachkriegsjahre zutage trat. Klaus Mann schrieb später über dieses Gefühl der Jugendlichen: «Nie zuvor in der Geschichte vielleicht sind junge Leute so bewußt, so eklatant, so herausfordernd jung gewesen wie die deutsche Generation dieser Jahre. Man sagte: ‹Ich bin jung!› und hatte eine Philosophie formuliert, einen Schlachtruf ausgestoßen. Jugend war eine Verschwörung, eine Provokation, ein Triumph. Wenn wir uns in unseren kahlen Stuben trafen oder draußen im Wald oder beim Krämer im Dorf, tauschten wir geheime Blicke und Winke: ‹Ich bin jung!› ‹Ich auch!› ‹Dein Glück! Die Alten sind Schweine und Narren.›»

Der Konzentration auf die Hausaufgaben hinderlich waren überdies die Nachstellungen einer jungen Verehrerin. Klaus, der «Frauenzerstörer», wie ihn der Vater nannte, schrieb halb belustigt, halb enerviert nach Hause: «Sie ist *recht* merkwürdig. *Schwerst* hysterisch, obendrein von geradezu unheimlichen Körperkräften und von einer seltsam schwulen, zusammengepreßt-kräftigen Gedrungenheit. Außerdem ist sie (so eitel und blamabel es klingt) ganz grausig in mich verliebt und benimmt sich auf etwaigen Spaziergängen schrecklich schwül und inbrünstig. Gestern machte sie Gertrud vor, wie sie ‹Klausens Sympathie› erwerben wolle, indem sie sich mit wütender Leidenschaft an ihren Hals hängte, dann schmachtend an ihr hinunterglitt und ihre Füße heiß küßte.»

Schließlich hatte es keinen Sinn mehr. Erika und Klaus machten sich aus der Bergschule nur einen erneuten Jux. So nahmen die Eltern ihre Kinder bereits im Juli 1922 wieder von der Schule und trennten sie. Erika kam an das Münchner Luisengymnasium, wo sie sich halbherzig auf das Abitur vorbereitete. «Aus purer Liebe zu meiner Mutter habe ich das Abitur ‹gebaut›», bekannte sie später, «und mit einem Zeugnis bestanden, das in der Welt einzig sein dürfte: es ist so miserabel, daß ich es mir eingerahmt habe, und jeder, der mich besucht, kann es in der Diele lesen.»

Katia Mann wollte Klaus hingegen nach Salem ins Internat schicken (wo später noch Golo unterkam). Doch lehnte man ihn dort ab. So kam er im Herbst 1922 in die ebenfalls von der Reformpädagogik geprägte Odenwaldschule von Paul Geheeb in Oberhambach. Es hat sich ein Brief erhalten, worin die Leitung in Salem die Kollegen in Oberhambach vorwarnte. Zwar handle es sich bei Klaus Mann um einen «ungewöhnlich begabten und fein veranlagten Jungen», so heißt es, doch sei er «durch sehr vieles Lesen sehr früh an die meisten Probleme des menschlichen Denkbereiches herangeraten, und hat seine Kindlichkeit und Natürlichkeit bei dieser Art geistiger Tätigkeit eingebüßt. So macht er auf uns heute den Eindruck eines überaus manierierten, selbstgefälligen, frühzeitig gereiften und fähigen Jungen, dessen Lebenskraft angeknakst ist und der das natürliche Interesse an seiner Umwelt verloren hat und seine künstlich herangebildete Unfähigkeit in allen Dingen des praktischen Lebens mit

50

Eitelkeit kultiviert und unter einer Verachtung der Welt der Tat und [des] Handelns bemäntelt.»

Paul Geheeb, der Schulleiter, ein Mann in den Fünfzigern mit langem, weißem Rauschebart, war klug und erfahren genug, das Gute im Wesen Klaus Manns zu erkennen und seine Talente zu fördern. Er ahnte, dass zu viel Beengung seinem frühreifen Zögling eher schaden würde, und ließ seinen musischen Interessen wie Tanz, Schauspiel und Literatur viel freien Raum, ja gewährte ihm zum Teil sogar die Freistellung vom Unterricht. Geheebs Leitspruch war «Werde, der du bist!», und Klaus Mann dankte es dem Pädagogen noch viele Jahre später in Briefen und rühmenden Aufsätzen.

Zum ersten Mal in ihrem Leben waren die Geschwister für längere Zeit voneinander getrennt. Besonders Klaus empfand dies schmerzlich. Seine Briefe aus der Odenwaldschule verhüllen unter einer gewollt scherzhaften Oberfläche kaum oder nur gezwungen seine Sehnsucht und sein Heimweh. Nie wieder sollte dies in dem Briefwechsel der beiden, so voller Klamauk und Späßen, so offen niedergeschrieben werden:

«Liebe Eri, Bist du fröhlich heute? – Ich nehme an, du kennst mich noch: Isch bin nämlich der Frieder. [...] Sag einmal: Kostet ein Tafel Schokolade bei Euch auch 40–60 M? (Mit vibrierender Stimme.) [...] Ich kann ohne Schokolade nun einmal nicht dichten. Annette Kolb konnte nur im Caféhaus was zuwege bringen. Ich finde mich eigentlich noch interessanter.»

Ob Schokolade wirklich der Dichtung zuträglich ist und ob Annette Kolb, unter deren Namen Erika Mann bei der 1927/28 unternommenen Weltreise Hotelzimmer buchte, hiervon abhängig war, sei dahingestellt. Hinter den Scherzen dieses Briefes verbirgt sich jedenfalls Bitternis, fühlte er sich doch von den Eltern vernachlässigt. Auch andere Briefe an Erika sprechen hiervon:

«Mielein [Katia Mann] sage nichts – wenn sie nicht von selbst darauf kommt, will ich still im Hintergrund verhungern. Du aber fiebre, was das Zeug hält: Marmelade, [...] Wurst,

Konserven – was dir in die Hände fällt. Du, die Nachbarsmör-
derin, wirst nicht auch noch zur Bruderverhungerlasserin wer-
den wollen.»

Und in einem anderen, undatierten Brief auf Papier der
Odenwaldschule schreibt er der Schwester: «*[...] leite doch*
bitte (und aberbitte) eine Hilfsaktion an mich ein; aber nicht
von Mielein aus. Das wäre mir peinlich.»

Sicher musste Klaus Mann im Internat Paul Geheebs nicht
hungern, doch spricht aus diesen Zeilen eine *subjektive*
Wahrheit: Sie zeugen von einem *seelischen* Hungern, von
einer zunehmenden inneren Entfremdung des Jugendlichen
von seinen Eltern. Zudem zog Klaus in seinen Bitten die
Schwester als Verbündete auf seine Seite. Dieses Bündnis
hatte geradezu konspirativen Charakter: Die wiederholte
Aufforderung, die Briefe doch ja nicht den Eltern zu zeigen, und die Verwendung eines spezifisch geschwisterlichen
Codes unterstreichen dies. In einem wenige Jahre später
(wohl um 1926/27) geschriebenen Brief – Klaus ist wie so
oft in Geldnöten – kommt dies noch stärker zum Ausdruck:
«*Im übrigen bitte ich endlich und auf aller inständigste die*
Eltern zu bedenken, eine wie tiefe Ungerechtigkeit in der fast pa-
thologischen Launischkeit und Unbeständigkeit *liegt, mit der*
sie mich behandeln, so daß Zärtlichkeit in radikalste Ablehnung
umschlägt, nur weil ich einen Bekannten des Zauberers für ein
paar Tage um eine mir bestimmt zu Verfügung stehende Geld-
summe anpumpen wollte.»

Klaus Mann belässt es in diesen Monaten im Internat
nicht bei Bitten um Lebensmittel und Klagen über die Eltern. Vielmehr geht sein Werben um Erika noch viel weiter.
In den sonst überwiegend heiter-scherzenden Ton der Briefe
mischt sich ein Klang von seltsamem Pathos und fast rühren-
der Unbeholfenheit. Liebesgeständnisse werden brieflich
übermittelt, Klaus schwärmt der Schwester von Schulkame-
raden vor. Gleichzeitig aber steht hinter diesen Verlautba-
rungen ein Höheres, das, am Rande zum Verschwiegenwer-

den, nur zaghaft und verschämt angedeutet wird: «*Ach, –
mein' Ruh' ist hin – – – (Ich liebe doch leider den Knaben UTO
und muß viel kostbare Geschenke für ihn erhandeln, da er so
sehr nett ist. [...]) Ich habe ein sehr schönes Gedicht an dich gemacht, das dich rühren wird. [...] (dieses kleine Kulturdoku-
ment braucht unseren Eltern, die ich im übrigen grüße, nicht in
die Hände zu fallen.)*»

Kurz darauf, im November 1922, schickt er seiner Schwester das angekündigte Liebesgedicht. Freilich scheut er sich, es
als solches zu bezeichnen:

«Übrigens habe ich jetzt ein Gedicht gemacht, das fängt
an: ‹Seltsam sind die Augen derer, / die die große Sehnsucht
kennen –› und dann heißt es: ‹Auf der Stirne tragen sie ein
Zeichen, / das von heißer Lust und heißem Elend kündet – /
Aber all die andren, all die Stumpfen weichen / Scheu zurück
davor –› Und dann: ‹Wir sind ganz allein mit unsrem Gotte /
Und mit unsren lüsternen Gebeten, / Denn mit unsrem
Lachen, unsrem Spotte / Treiben wir davon die Wackren,
Wohlberedten, / Die gesund sind und ganz ohne Wunde.› Ob
ich mit dem ‹wir› wohl auch Dich meinen darf? – – –», fragt
er, um sogleich, bestürzt über die eigene Offenheit, ein-
schränkend hinzuzufügen: «Aber, mein Gott, was schreibe
ich da für einen seltsamen Brief. Ich weiß, Du magst es nicht,
wenn so viel ausgesprochen wird.»

Mag in diesem Gedicht auch Koketterie mit Georg Trakls
Dichtungen eine Rolle spielen, von denen Klaus Mann damals stark beeinflusst war, so steht doch fest, dass er das Verhältnis zu Erika als ein Bündnis gegen die Außenwelt sah. Er
betrachtete all den «Spott» und das «Lachen» ihrer gemeinsamen Unternehmungen und Streiche als ein Überspielen von
Abgründen und inneren «Wunden». Unter der Oberfläche
des Leichtlebigen und Unbesorgten schwelten verborgene
Wünsche, die zwar angedeutet, aber aufgrund einer gesellschaftlichen Tabuisierung kaum gedacht oder ausgesprochen
werden. Bisweilen wurde über ein inzestuöses Verhältnis

zwischen den Geschwistern gemutmaßt. Dieser Verdacht ist nach allem, was wir aus den Quellen wissen, aus der Luft gegriffen. Fraglos jedoch war das Verhältnis zwischen Erika und Klaus ungewöhnlich innig. Andererseits wurde diese Beziehung besonders von Klaus Mann schon früh idealisiert und mythisiert, in einen Bereich hinein, zu dem nur sein eigenes Wunschdenken noch Zugang hatte, nicht mehr die Schwester als reale Person.

Als Klaus im Sommer 1923 die Odenwaldschule verließ, weil er sich nicht einmal diesen lockeren Zügeln fügen wollte, reiste er zusammen mit Erika nach Berlin. Sie taten dies heimlich, die Eltern wähnten sie beim Wandern. Kaum zusammen, kokettierten sie wieder mit ihrer naiven Verdorbenheit. Die Weltstadt tanzte im Delirium von Schieberei und Inflation. Die Geschwister sahen die Dirnen mit den hochhackigen roten und grünen Stiefeln in der Friedrichstraße, und eine von ihnen ließ ihre Gerte an der Wange des 16-jährigen Klaus vorbeisausen und raunte ihm heiser ins Ohr: «Magste Sklave sein?» Klaus hierzu: «Ich fand es wundervoll.»

Über den Kontakt mit einem Kabarettisten darf Klaus in einem Tingeltangel, dem «Tü-Tü», vorstellig werden. Ehe er es sich versieht, steht er auf der Bühne und kräht – geblendet von den starken Scheinwerfern – ins Dunkel hinein eigene Verse, so sein «Lied von der Schminke»: «Mögen Sie auch – mögen Sie auch – mögen Sie auch – Schminke so gern? – Aber ich liebe sie, aber ich liebe sie, aber ich liebe sie, meine Herrn! – Schminke, Schminke, Schminke wirkt so festlich – Schminke, Schminke, Schminke riecht so köstlich …» Als eine Stimme von unten «Aufhören!» ruft, bringt er gerade noch hervor: «Ohne Schminke geht's nun einmal nicht!», und schon senkt sich der schwere Vorhang. Erst Jahre später erfuhr er, dass der Saal leer war und nur ein paar Bühnenarbeiter und Putzleute zugegen waren und dem Geblendeten einen Streich spielten.

Geblendet waren Erika und Klaus auch von anderen Attraktionen, bei denen Schminke von Vorteil sein konnte: Sie erkundeten – Klaus mit seiner Vorliebe für Jungen, Erika mit Gefallen an jungen Frauen – die Schwulenszene Berlins, ein Erlebnis, woraus Klaus zwei Jahre später für seinen Erstlingsroman «Der fromme Tanz» schöpfen sollte: «Wir kamen das erstemal [...] in ein Lokal, wo Jünglinge miteinander tanzten. Daß es so was gab, fanden wir toll; und nun gar das fette alte Ungeheuer, das in Damenkleidern drollige Strophen zum Vortrag brachte. Sündiger und widerlicher konnte nichts mehr sein, es war wirklich ganz herrlich, denn der Zwitter-Greis schwabbelte mit dem Fett, wenn er tanzte und sprang, sein großes Gesicht mit Hängebacken und verquollenen Augen war teils kreidig weiß, teils von obszöner Buntheit.»

Nach München zurückgekehrt, lernte Klaus Mann Pamela Wedekind kennen, die Tochter des Dichters Frank Wedekind. Er war von ihrem herb-männlichen Wesen und ihrer Art, die Lieder des Vaters zu singen, fasziniert: «Ich glaube, daß sie das wunderbarste Mädchen war, das ich jemals gekannt habe. Damals hatten ihre Gesten und Worte eine Gespanntheit und Straffheit, die einem den Atem beraubten. Ihr kühnes und leidenschaftliches Haupt mit der gebogenen Nase, dem strengen Mund und den herrlichen Augen war das eines Renaissance-Jünglings: von einer harten, gefährlichen und geistigen Lieblichkeit.»

Auch Erika fand Gefallen an Pamela, bald verband beide eine leidenschaftliche Bindung. Von der Insel Hiddensee, wo Erika zusammen mit den Eltern im Juli 1924 Urlaub machte und sie als Gäste Gerhart Hauptmanns in dessen Haus «Seedorn» feuchtfröhlich feierten, schrieb sie der in München zurückgebliebenen Freundin: «Es wäre so tausendschön, wenn Du noch kämest! [...] *Schreibe mir alsbald! Liebe mich!* [...] Komm doch, es ist so schön und die Wellen sind lebensgefährlich.»

Erika und Klaus Mann mit Pamela Wedekind.
Erika an Pamela von der Insel Hiddensee, 23. Juli 1924: «Liebes Leben!
Du kannst es nicht ahnen, wie schön das Meer ist, [...] Komm doch, es ist
so schön und die Wellen sind lebensgefährlich.»

Ein gefährliches Spiel mit den Wogen der Gefühle trieb auch Klaus. Im Frühjahr und Sommer 1924 verbrachte er ein paar Monate als Gast des Dichters, Alchemisten und Bibliophilen Alexander von Bernus auf dessen Schloss Stift Neuburg bei Heidelberg und arbeitete dort an einem Novellenband. Im Juni, fast zum selben Zeitpunkt wie Erika, schrieb er an Pamela: «Schreibe mir doch, solange ich noch hier bin und vor allem: komme *ja* nach Hiddensee. Ich fände es auch hübsch, wenn wir uns verlobten. Im Ernst. Was hältst Du davon? Denn ich liebe Dich und bin Dein Freund Klaus.»

Es war halb Ernst, halb Spiel und Lust an der Provokation. Als sich Klaus und Pamela tatsächlich kurz darauf verlobten, machten sie sich einen Spaß daraus, plötzlich im Rampenlicht der Klatschpresse zu stehen. Man wusste inzwischen in der Öffentlichkeit von den homosexuellen Neigungen des jungen Autors, und er reizte sie noch mehr, als er später, im Jahre 1927, mit seiner Braut auf dem Standesamt erschien und wegen seiner Unmündigkeit – er war noch nicht 21 – abgewiesen wurde. Sogleich schickte er, der sein Wesen von einem «eingeborenen Exhibitionismus», von einem «Trieb zur artistischen Sich-selbst-Darstellung» durchdrungen sah, eine Glosse an zwei Zeitungen in Berlin und Leipzig, worin die Öffentlichkeit ungläubig lesen konnte: «Man macht es uns schwer, man behandelt den Untertan unwirsch, selbst wenn er nichts als das durchaus Löbliche will. So scheucht man uns auf den Pfad des Lasters, dort lustwandeln wir wieder, aber man gebe uns nicht die Schuld. Das mit dem häuslichen Glück muß ich zunächst verschieben. Aber ich bin heilig entschlossen, es wieder in Angriff zu nehmen, *wenn ich erst 21 Jahre alt bin.*»

Er war zu ganz anderen Dingen «heilig entschlossen». Vielleicht war die Idee mit der Verlobung auch nur aus dem Wunsch heraus geboren, der Schwester Erika über den Umweg ihrer Zuneigung zu Pamela näher zu sein. Erika jedenfalls verließ im September 1924 München und ging als

Schauspielerin nach Berlin, wo sie mit Geld vom Vater Schauspielunterricht nahm und unter Max Reinhardt kleine Rollen bekam. Pamela zog nach Köln, wo sie, ebenfalls als Schauspielerin, unter Gustav Hartung ihr Glück versuchte. Und Klaus schließlich ging – durch Vermittlung des Onkels Klaus Pringsheim – als Theaterkritiker des «12 Uhr-Blatts» ebenfalls an die Spree, dem «Pfad des Lasters» und der Schwester folgend.

«Schmutzfladen
in unserem Kunsttempel»

Revue zu Vieren.
1924–1929

Lange hielt die Begeisterung bei Klaus nicht an. Bereits Mitte November nahm er Urlaub, verließ Erika und kehrte nach München ins Elternhaus zurück. Er hatte in Berlin etwa dreißig Stücke gesehen und besprochen, genug, um es nun selbst mit einem ernsthaften Drama zu versuchen. Wie schon wenige Monate zuvor in Stift Neuburg, als Gast des Barons von Bernus, als er verbissen, mit entzündeten Lidern und bei selbst tagsüber geschlossenen Fensterläden an seinem Novellenband «Vor dem Leben» gearbeitet hatte, verbarrikadierte er sich nun wieder in seinem Zimmer im zweiten Stock, über dem «Allerheiligsten» des Vaters. Ein Freund, der Schriftsteller Wilhelm Emanuel Süskind, beschrieb die Atmosphäre von Klaus' Arbeitszimmer so: «Das Gefühl der blaugrauen, schon leise bröckeligen Sandsteinbalustrade, während Klaus drinnen schon das Nachttischlämpchen mit dem fadenscheinigen süßlich-blauen Seidenschirm entzündet hatte. Die spärliche Einrichtung dieser Jungmännerklause: die vielen Bücher auf den einfachen graugestrichenen Regalen; der Tisch mit den verspielten Souvenirs, den leicht courtisanenhaften Puderdosen, Parfümflakons und Flauschquasten und das so verblüffend spartanische Feldbett ...»

Über das Äußere des exaltierten jungen Dichters schreibt der Freund: «Die so oft entzündeten Augenlider um die grünen Augen (entzündet von zuviel Schminke und Belladonna, dachte ich immer) und das lockere dunkelblonde Haar, das eigenwillig in die Stirn und aus der Stirn zu schütteln einen nicht geringen Teil des Mienenspiels ausmachte. Der Gesichtsausdruck von einer gewissen Gravität; nicht etwa unfreundlich, aber gleichsam wie von einem vielbeschäftigten Arzt [...] Die Haltung so, daß jeder, der nicht zur Kameraderie gehörte, sie unweigerlich als ‹schlapp› oder ‹dekadent› empfinden mußte [...]»

In dieser parfüm- und belladonnageschwängerten Atmosphäre des Jugendzimmers entstand innerhalb von zwei Wochen, wie im Rausch, Klaus' erstes «gültiges» Theaterstück, das Drama «Anja und Esther»: «Das Stück schrieb sich fast von selbst, wie unter Diktat. In vierzehn Tagen hatte ich es zu Papier gebracht. Die beiden Titelrollen, Anja und Esther, waren für Erika und Pamela bestimmt.»

Wie bei vielen Werken Klaus Manns wurde auch bei der Arbeit an diesem Stück zuallererst Erika ins Vertrauen gezogen und um ihre kritische Meinung gebeten. Nicht nur waren die Rollen auf Klaus, Erika und Pamela zugeschnitten. Vielmehr spielte im Grunde jeder sich selbst. Klaus Mann gesteht dies indirekt wenig später in einem Brief an Erika, wenn er berichtet, Monty Jacobs (ein Berliner Kritiker) habe das Stück «Anja und Klaus» genannt.

War das Stück ein Versuch des Bruders, Erika, die ja in Berlin wohnte, durch ein Engagement in einem eigenen Stück wieder fester an sich zu binden? Jedenfalls schien es auch ihr in ihrer Arbeit unter Max Reinhardt nicht recht zu gefallen. Sie hatte gehofft, die Titelrolle bei der Erstaufführung von George Bernard Shaws «Die heilige Johanna» zu erhalten. Doch wählte Reinhardt statt ihrer Elisabeth Bergner. Erika Mann bekam durchaus etliche Rollen, spielte nachmittags und abends, für eine Anfängerin also respektabel. Dennoch war sie nicht zufrieden. Sie spielte, «bis mir die Serienerfolge nicht mehr paßten und ich Reinhardt bat, er möge mich ziehen lassen». Schließlich, im März 1925, erhielt sie einen festen Kontrakt an den Bremer Bühnen und zog dorthin. Tatsächlich war sie es auch leid, finanziell weiterhin von den «Greisen» – wie die Eltern genannt wurden –

abhängig zu sein. Aber auch dort fiel ihr bald die Decke auf den Kopf. Bremen war ihr zu klein, überhaupt befand sie sich in einer Phase der inneren Umorientierung und fragte nach dem Sinn ihres ganzen Tuns. «Aber du weißt es nicht», schreibt sie im August an Pamela, «wie ich (direkt!) unglücklich bin. Ich glaube doch im Grunde selbst nicht, daß ich [...] simpel unbegabt bin, wie alle schlechten Schmierenschauspieler Bremens. So unbegabt bin ich doch sicher nicht. Aber ich eigne mich einfach nicht zum Theaterspielen, ich passe einfach nicht so recht dafür, es ist unendlich schlimm, denn was in aller Welt soll ich denn sonst tun?»

Innere Unruhe trieb unterdessen auch den Bruder davon. Nachdem er «Anja und Esther» in zwei Wochen aufs Papier geworfen hatte, reiste er mit Wilhelm Emanuel Süskind im März 1925 nach London und Paris. In England war er froh um Süskinds Sprachkenntnisse. Wohl nicht im Traum hätte er damals daran gedacht, einmal die deutsche Sprache, wie er es später im Exil tat, nahezu aufzugeben und fast nur noch Englisch zu schreiben.

In Begleitung des Freundes Hans Feist trieb es ihn weiter. Im April erreichte die Schwester ein Brief aus Marseille. Klaus schwärmte von «*einer* phantastischen *Stadt, mit* blauem *Meer,* schwarzen *Negern, wilden Bordells [...]*» Er wollte daraufhin den Maghreb kennen lernen, was er der Schwester brieflich «*unterm Diskretionssiegelchen*» mitteilte. Er fuhr mit dem Schiff nach Tunis und kam in die Oasenstädte Biskra und Kairuan. Die Sahara erschien ihm «noch schöner und noch schrecklicher als selbst [der] Ozean und die Gletscher; kein Hochgebirgspanorama, kein bewegtes Meer hat die schaurig elementare Größe dieser unendlich hingebreiteten, ungeformten, unbelebten Fläche, dieser ausgedörrten Urlandschaft und nachsintflutlichen Todesidylle». Wie einst Oscar Wilde und André Gide oder wenig später nach ihm Paul Bowles erfuhr Klaus Mann den Orient als Initiation: War Gide zu seinem Roman «Der Immoralist» inspiriert worden, so schrieb Klaus in diesen Wochen wie im Rausch seinen ersten Roman «Der fromme Tanz» nieder, einer der ersten offen homosexuellen Romane der deutschen Literatur. Er blieb in Tunesien, solange Feist zahlte. Dann schiffte er sich widerwillig nach Palermo ein und kehrte in Etappen nach Deutschland zurück. In Neapel besuchte er noch eine «*Maison-de-rendezvous*», wo er «*übrigens beinah ermordet wurde*». In Florenz schließlich traf er seine Eltern, die dort Urlaub machten.

Bei der Rückkehr in München hatte Klaus nicht nur ein fertiges Romanmanuskript im Gepäck, er fand auch die eben erschienenen Novellen «Vor dem Leben» gedruckt vor, gewidmet seiner Schwester Erika, und in Buchform «Anja und Esther». Nun galt es noch, das Drama entsprechend seiner Absicht mit Erika und Pamela in den Hauptrollen uraufzuführen.

«Wovon sollte es handeln, mein Stück?» resümiert er später. «Natürlich von den Dingen, die mir vertraut waren, die ich liebte. Es würde ein Stück über junge Menschen sein. Was denn sonst? Ein Stück über die eigenen Träume und Erinnerungen, die Sehnsüchte und Begierden [...] Die beiden Mädchen [Anja und Esther] haben ein lesbisches Verhältnis, welches aber der dunklen, schwerblütigen Anja viel mehr bedeutet als der etwas ruchlosen Esther. Jakob, ein gehemmter Melancholiker, betet Anja an, während Kaspar (der ein Halbbruder Anjas ist: Beide stammen auf irgendeine indirekte, etwas anrüchige Weise vom ‹Alten› ab) alle und keinen liebt. Soweit er sich überhaupt festlegt, scheint seine Wahl auf einen der Zöglinge, den kleinen Gimietto zu fallen. Dann aber kommt Erik, wodurch die an sich schon prekäre Situation im Erholungsheim einfach unhaltbar wird.»

In der Realität trat ein ganz anderer als der schöne Erik ins Spiel: Im Herbst 1925 bekam Gustaf Gründgens, seit zwei Jahren Hauptdarsteller und Regisseur an den Hamburger Kammerspielen, Klaus Manns Stück in die Hände und schlug es nach der Lektüre dem Autor zur gemeisamen Inszenierung vor. «Anja und Esther» wurde dann allerdings am 20. Oktober 1925 an den Münchner Kammerspielen uraufgeführt, zwei Tage später, am 22. Oktober, fand die von Gründgens inszenierte Hamburger Premiere statt, und zwar in der vom Autor beabsichtigten Besetzung: Erika Mann spielte die Anja, Klaus Mann deren Halbbruder Kaspar und Pamela Wedekind die Esther, die Geliebte Anjas. Damit spielte jeder der drei sich selbst.

Das Stück wurde ein Skandal, den die Truppe genüsslich ausschlachtete. Nach einer Aufführung in Darmstadt etwa ereiferte sich der hessische Abgeordnete Dr. Werner in schönstem Kanzleideutsch: «Was hier auf krankhaft perverse Weise in Herabsetzung des Weibes auf die Stufe tierhafter Schamentblößtheit unter Verwendung kindlicher Mitdarsteller und vor größtenteils jugendlichem Publikum geleistet wurde, mußte Schrecken und Grauen zugleich erwecken. Nicht daß die Mehrzahl der Zuschauer das Stück erfreulich kühl ablehnte, ist hier die Hauptsache, sondern das ist der Skandal, daß ein solcher Schmutzfladen in unserem mit schweren Opfern erhaltenen Kunsttempel überhaupt die Bretter berühren durfte. Ich frage daher die Regierung, was sie zu tun gedenkt, um in Zukunft die Aufführung derartiger Fragwürdigkeiten zu verhindern.»

Bei den Proben zu Klaus Manns Stück müssen sich Erika Mann und Gustaf Gründgens näher gekommen sein. Bald erwuchsen Heiratspläne. Zwar behauptete später der Biograph Curt Riess, Gründgens habe sich bei den Proben in Erika regelrecht verliebt, diese allerdings habe ihn nur aus karrieristischen Gründen geheiratet, doch ist dies eine grob vereinfachende Sicht. Einerseits neigte auch Gründgens eher dem eigenen Geschlecht zu, andererseits hatte Erika Mann schauspielerische Begabung genug, um aus eigener Kraft nach oben zu kommen (was ihr später ja auch gelang).

Der Briefwechsel von Erika und Klaus Mann legt hier Wunden bloß. Nach außen hin, so auch die Darstellung in

Gustaf Gründgens, Erika Mann, Pamela Wedekind und Klaus Mann in den Hauptrollen des Stücks «Anja und Esther», 1925.

Klaus Mann schreibt über diesen Skandalerfolg: «Von den Gestaden der Nordsee bis nach Wien, Prag und Budapest gab es ein Gerausche im Blätterwald: ‹Dichterkinder spielen Theater!› Aber ob die Kommentare spöttisch oder enthusiastisch waren, ihre Überfülle mußte uns als Reklame willkommen sein. Die ‹Dichterkinder› spielten vor vollen Häusern.»

beiden Autobiographien Klaus Manns, wurde eine intensive Freundschaft im privaten wie künstlerischen Bereich gepflegt; nicht zuletzt zeugen auch die Besetzungen der Ur- und Erstaufführungen seiner Stücke «Anja und Esther» und «Revue zu Vieren» – Klaus und Erika Mann sowie Pamela Wedekind und Gustaf Gründgens spielten in den Hauptrollen – von dieser fruchtbaren und glücklichen Symbiose. Doch scheint es auch eine List Klaus Manns gewesen zu sein, Stücke zu schreiben, in denen er Erika und sich die Rollen auf den Leib schrieb, um ihr weiterhin nahe zu sein, notfalls unter Einbeziehung des Schwagers.

Als Klaus von der bevorstehenden Heirat Erikas mit Gründgens erfuhr, wandte er sich in seinem Schmerz sofort an die Ersatzschwester Pamela Wedekind – unter Anbiederung an die gesellschaftliche Konvention der Ehe. Sein Heiratsantrag jedenfalls wirkt reichlich ungeschickt und uncharmant: «Liebe Anna Pamela – Die Nachricht von Eris [Erikas] Verlobung hat mich sehr erschüttert, wenngleich ich vorbereitet war und ja auch nicht weiß, wieweit sie stichhaltig ist. Ich war stets sehr dafür. Ich möchte gern, daß wir jetzt im Frühsommer auch heiraten. Ich halte den Zeitpunkt jetzt für gekommen. Schreibe mir bitte nach Paris, ob Du auch willst.»

Die Hochzeit mit Gründgens am 24. Juli 1926 war für Erika ein eher traumatisches Erlebnis, glaubt man einem Brief, worin sie sich ebenfalls bei Pamela ausweint – die Rollen jedenfalls schienen beiden von Anfang an nicht klar zu sein:

«Viele, viele Grüße, meine (geliebte Göttin) von der Ehefrau. [...] Ja, Pamela, es war *schon* ein großer Schreck! Wie so der Herr auf dem Standesamt noch ganz freundlich ‹Fräulein Mann› zu mir sagte, als er uns ermahnte, doch lieber richtig herum den Tatort zu betreten – G. G. links und ich rechts (wir hatten es natürlich falsch gemacht!) und dann plötzlich herrschte er mich an ‹jetzt unterschreiben Sie, Frau

Gründgens!› Ein *großer* Schreck war es schon! [...] Eine fein-rührende Rede hielt der Zauberer – (sprach sogar von Deinem Astralleibe, den er neben Kläuschen sitzen sähe!), Kläuschen Pringsheim [Katia Manns Bruder] flirtete mit Gustaf [...] Und jetzt sind wir einfach im Kurgartenhotel, wo groß und klein uns frivol behandeln muß, da niemand und der Klügste nicht, den Ehestand uns glauben *kann*. Aber daß wir (Du und ich!) in der Kurliste des vorigen Monats stehen – ich als Schauspielerin und Du als Herr Wedekind aus München, ist mir lieb. – Meine Pamela, *bitte*, *bitte* komm bald.»

Auch Gustaf Gründgens scheint in die Ehe eher hineingestolpert zu sein. Zu seiner Schwester Marita soll er kurz zuvor gesagt haben: «Kannst du mir mal sagen, warum ich Idiot heirate?» Erika zog zu ihrem Mann nach Hamburg. Beider Haushalt funktionierte schlecht. Sie war keine Hausfrau, wollte nichts von ihren Freiheiten aufgeben, konnte nicht mit Geld umgehen.

Im Grunde war für alle Beteiligten – Erika, Gustaf, Klaus und Pamela – klar: Das Spiel auf der Bühne war Realität, die Realität Spiel. Und doch kamen Eifersüchteleien auf, die den Karren der Gefühle und Verbindungen noch mehr in den Sumpf fuhren. Zwei Tage nach Erikas Hochzeit berichtet Klaus Mann seiner Verlobten von den Feierlichkeiten, er gibt sich in der ausführlichen Darstellung wieder gefasst, verrät sich aber im sarkastischen Gebrauch der Bezeichnung «Madame Gründgens»; die Hingabe an die Schwester scheint sich zumindest augenblicksweise in Enttäuschung ob des Verrats am geschwisterlichen Bündnis verkehrt zu haben.

Immerhin häufen sich in den nun folgenden Briefen und Telegrammen Klaus Manns an Erika fürsorgliche Fragen nach ihrem Wohlbefinden. Auffällig ist in ihnen der häufige Gebrauch der französischen Sprache. Wenn es um Liebe und Zuneigung geht, so bedient er sich – wie auch in den Tagebüchern – des fremden Idioms, als wolle er den Weltmann spielen oder als versuche er, die eigenen Wünsche zu verbergen.

Leider sind Erikas Briefe an den Bruder aus diesen Jahren nicht erhalten. Sie befanden sich wohl im Münchner Elternhaus und wurden von den Nazis vernichtet. Die Briefe Klaus Manns jedenfalls bekunden seinen Schmerz über die Trennung von Erika. Zugleich wirbt er um sie, wobei er an die alten, zu zweit verbrachten Zeiten erinnert und so eine Gemeinschaft heraufbeschwört. *«Komm mir recht bald hierher»*, schreibt er aus Paris. *«Wir wollen zusammen offizielle Empfänge, [...] schwuhle Lokale und Sonderlinge besuchen.»* Außerdem übermittelt er buhlend Komplimente, die Pamela ihr machte, und versäumt nicht, den Schwager zu grüßen.

Eher nebenbei gesteht er in einem Brief seine Heiratsabsichten mit Pamela: *«(Ich habe mich mit Pamela verlobt. Ernstlich.)»* Und weiter, halb salopp, halb zynisch: *«(Was dem einen sein Zahngeschwür, ist dem andren – halt – seine Augenkrankheit.)»*

Es mehren sich in diesen Jahren 1926 und 1927 Klagen über mangelnde Zuneigung und Aufmerksamkeit. In einem Brief bringt er dezent den jungen französischen Dichter René Crevel ins Spiel, den er in Paris kennen gelernt hat. Er fragt die Schwester, ob sie dessen Roman «La mort difficile» («Der schwierige Tod») lese. Dies ist mehr als ein nur beiläufiger Buchtipp des Bruders an die Schwester. Vielmehr geht es ihm um zwei Dinge: Einerseits will er geschickt den Mann ins Gespräch bringen, den er in jenen Jahren, wenngleich unerwidert, liebt; andererseits spielt er auf einen im Roman behandelten Freundschaftsbund an, der in vielem dem schwierigen Verhältnis von Erika und Klaus gleicht. Mehrfach bedrängt Klaus seine Schwester mit seinen Schwärmereien für Crevel, fast, als wolle er ihr seine Unabhängigkeit demonstrieren. Als er einmal erkältet ist, schreibt er: *«Freilich würden die Schmerzen viel einfältiger sein, wenn nicht der höchstgeliebte Freund René in meiner Nähe wäre [...]»*

Warum betont Klaus Mann dies, zumal er übertreiben muss und aus einer bloßen Bekanntschaft, allenfalls einem Flirt, eine Liebesbeziehung macht? Vieles an diesem Spiel scheint ein Versuch gewesen zu sein, Erikas Eifersucht anzufachen, nachdem ihm dies mit seiner angekündigten Heirat offenbar nicht gelang. Erstaunlich ist jedenfalls, wie er in Briefen an die Schwester *beide*, Erika und René Crevel, in einem Atemzug nennt. Aus Berlin schreibt er, er könne nicht nach Hamburg reisen, weil es zu teuer sei. Wollte er Gründgens nicht begegnen? Im selben Brief nämlich schreibt der von Geldnöten Geplagte von einer geplanten und sicher nicht billigen Reise in den Süden: «*[...] von privater Trauer im Innern zerstört, reise ich noch heute abend nach München und von dort aus, nach wenigen Tagen, nach Südfrankreich – ich sehne mich sehr danach in René Crevels Nähe zu dichten und eine unerhörte Komödie soll entstehen. [...] Ich liebe René Crevel et toi.*»

Die Farce – denn als solche muss sie bezeichnet werden – um Erika Manns und Gustaf Gründgens' Ehe begleitete Klaus mit zwei Theaterstücken zeitlich und personell: mit «Anja und Esther» und der nach seinen Worten «unerhörten Komödie» «Revue zu Vieren». Die Komödie der «Dichterkinder» Klaus, Pamela, Erika und Gustaf war wirklich unerhört. Aber so gut sie ihr Leben auf der Bühne spielten und umgekehrt eine Farce zu ihrem Leben erfanden, langsam nahm ihnen dieses Spiel – allen Skandalerfolgen zum Trotz – keiner mehr ab. Es war nur noch eine Frage der Zeit, bis sie selbst endlich zur Vernunft kommen würden. Ironischerweise wurde das Ende dieser kurzen Ehe von Erika und Gustaf Gründgens von einem Stück des Bruders eingeleitet, wenn nicht beschleunigt. Im Winter 1926 arbeitete Klaus an «Revue zu Vieren» und schrieb noch in der Anfangsphase einen bekenntnishaften Brief an Erika, worin er gestand, das alte Thema, das er in «Anja und Esther» verarbeitet hatte, nämlich den Verlust des einzig geliebten Menschen an einen anderen und an die Welt, hier wieder aufgegriffen zu haben:

«Ich bin nur noch ziemlich unklar und sehr im Anfang. Wahrscheinlich haßt Ihr mich diesmal von Anfang an und Ursula Pia [eine Person des Stücks, die bei der Uraufführung von Pamela Wedekind gespielt wurde] laßt dich, im entscheidenden Moment, durch einen Akrobaten die Treppe hinunterwerfen. Natürlich ist überhaupt alles ganz anders, als das letzte Mal, aber es ist so beängstigend, daß die Typen: Anja – Esther – Kaspar – Jakob – eben doch gegeben sind, nur Erik fällt diesmal weg, denn man ist sowieso schon tief genug im Leben. Auf jeden Fall leide ich ziemlich.»

Bei der Uraufführung am 21. April 1927 im Alten Theater Leipzig unter der Regie von Gustaf Gründgens, mit der Musik von Klaus Pringsheim, dem Onkel von Erika und Klaus, und mit dem Bühnenbild von Thea Sternheim, der Tochter des Dramatikers Carl Sternheim, spielten in den Hauptrollen Klaus Mann (Michael), Gustaf Gründgens (Allan), Pamela Wedekind (Ursula Pia) und Erika Mann (Renate). Das Ganze war also wieder ein reines «Familienunternehmen», die Schauspieler spielten erneut sich selbst in einer Atmosphäre komplexer erotischer Konstellationen. Zugleich aber trieb das Stück einen Keil in das junge Ensemble. Schon vor der Uraufführung kam es zu Streitigkeiten. Gründgens trat die Regie zwischendurch an Pamela Wedekind ab und prophezeite einen Reinfall, da das Stück schlecht sei. Der Skandal bei der Uraufführung ließ tatsächlich nicht auf sich warten. «Man prügelte sich noch lange in den schon dunklen Fluren», schrieb der Schriftsteller Erich Ebermayer. Die anschließende Tournee der Truppe nach Berlin, Dresden, Breslau, Hamburg, München, Wien, Prag und Budapest zeitigte ähnliche Eklats, wobei Gründgens frühzeitig aus dem Unternehmen ausstieg. Die persönlichen Konsequenzen waren weit fataler: Er und Erika Mann überwarfen sich wegen des Stücks vollends. Sie glaubte hier wie später an des Bruders Talent und ließ nichts auf ihn kommen. Aber auch Klaus Mann und Pamela Wedekind entfernten sich voneinander.

Pamela lernte den arrivierten Dramatiker Carl Sternheim kennen, den sie nicht lange danach heiratete und dem Klaus kurzerhand attestierte, er sei «bekanntlich total übergeschnappt». An den Skandalen um «Revue zu Vieren» zerbrachen Ehe und Verlöbnis. Dass es Gründgens weder ernsthaft um das Stück noch um seine Ehe gegangen sei, behauptete später Kadidja Wedekind, Pamelas Schwester. Gründgens habe, so ihre Meinung, die «Revue zu Vieren» nur deshalb so lange ertragen, damit ihm der Sprung von Hamburg nach Berlin gelinge, wo die Truppe auch gastierte. Diese Rechnung ging auf, der Grundstein für seine spätere opportunistische Karriere in der Hauptstadt des Reiches war gelegt.

Bereits in den Sommer 1927 ist also der Beginn der angespannten Reserviertheit zwischen Klaus Mann und dem aufstrebenden Schauspieler zu legen. Als der junge Autor im Juli dieses Jahres auf dem Weg von Belgien nach Sylt durch Hamburg kam, schrieb er Erika, er habe Angst davor, seinem Schwager zu begegnen. Gründgens wurde zum Symbol für den Karrieristen, lange vor der Arbeit Klaus Manns an seinem Roman «Mephisto», so etwa im Jahre 1931, als er die Schwester ironisch tadelte, die ein Theaterangebot in Wien ausgeschlagen hatte, um an einem 10000-Kilometer-Autorennen teilnehmen zu können. *«Gell, in Zukunft Autotouren* immer *gleich absagen, wenn Karriere-Vorteile winken!»*, schreibt Klaus und unterzeichnet mit: *«Dein Gustaf Gründgens. (Ich hasse ihn richtig.)»*

In dieser Situation des Streits und der Anfeindung hatten die Geschwister – auf sich selbst zurückgeworfen und wieder glücklich vereint – die rettende Idee zur Flucht «rundherum». Erika telegraphierte an den amerikanischen Verleger Liveright: «Tausend Dank ... es bleibt also dabei ... erwarten Sie uns Anfang Oktober New York.»

«Ob die Nazis uns
die Fensterscheiben einschmeißen?»

Gewitter ziehen auf.

1929–1932

Im Juli 1928 kehrten Erika und Klaus von ihrem Abenteuer
rund um den Erdball nach Berlin zurück. In Japan und Korea
hatten sie sich unter den Namen Annette Kolb und André
Gide in die Hotelbücher eingetragen, in der Transsibirischen
Eisenbahn, mitten in der Taiga Sibiriens, war ihnen das Geld
ausgegangen. Glück im Unglück: Bernhard Kellermann, ein
mit Thomas Mann befreundeter Schriftsteller, saß im selben
Abteil und half den Geschwistern aus der Klemme. Der Vater bekam wenig später den Nobelpreis für Literatur zuge-
sprochen und so konnte er von der ansehnlichen Preissumme
nicht nur ein Sommerhaus in Nidden auf der kurischen Neh-
rung bauen, sondern auch die Schulden seiner Ältesten be-
gleichen.

Zurück in Berlin (an eine Rückkehr nach Hamburg zu
Gustaf Gründgens dachte sie nicht mehr im Traum), ereilte
Erika der von Klaus prophezeite «Familienfluch»: Sie wurde
Schriftstellerin und verdiente sich damit eine Zeit lang ihren
Lebensunterhalt. Die Palette ihrer Arbeiten ist groß: Artikel
und Glossen für Zeitschriften und Zeitungen sind darunter
(so für die Blätter «Tempo», «Münchner Neueste Nachrichten», «Bayerischer Staatsanzeiger», «Kasseler Nachrichten»,
«Wiener Neueste Nachrichten» und die Prager «Bohemia»),
Rundfunkfeatures, Theaterstücke, Kinderbücher und Erzählungen. Vieles wurde zu Lebzeiten publiziert, einiges harrt
bis heute der Erst- bzw. Wiederveröffentlichung. Dabei
wollte sie nie – anders als der Bruder – «ernsthafte» Literatur
produzieren, wenngleich vieles aus ihrer Feder über den Tag

hinaus Bestand hatte. Bezeichnend ist eine Glosse mit dem Titel «Frau und Buch», worin sie ihr Selbstverständnis als «moderne» Autorin so umreißt:

«Seit kurzem gibt es einen neuen Typ Schriftstellerin, der mir für den Augenblick der aussichtsreichste scheint: Die Frau, die Reportage macht, in Aufsätzen, Theaterstücken, Romanen. Sie bekennt nicht, sie schreibt sich nicht die Seele aus dem Leib, ihr eigenes Schicksal steht still beiseite, die Frau berichtet, anstatt zu beichten. Sie kennt die Welt, sie weiß Bescheid, sie hat Humor und Klugheit, und sie hat die Kraft, sich auszuschalten. Fast ist es, als übersetzte sie: das Leben in die Literatur, in keine ungemein hohe Literatur, aber doch in eine brauchbare, anständige, oftmals liebenswerte. Gestern habe ich auf dem Hohenzollerndamm einen Herrn getroffen, mittelalt. Der Herr war ein Träumer, er schaute in den Himmel, und ich hätte ihn mit dem Auto beinahe umgefahren. Er sagte zu mir: ‹Weibervolk, verdammtes, schert euch in die Küche.› – Diesem Herrn widme ich diesen Aufsatz.»

Besonders die Zusammenarbeit mit dem Bruder sollte fruchtbar werden. Kaum zurück von der Weltreise, schrieben sie in wenigen Wochen das Buch «Rundherum». Es wurde ein Erfolg, enthält aber – bezeichnend für beider Sorglosigkeit gegenüber den sozialen oder politischen Spannungen jener Jahre – über das Sammelsurium von Anekdoten hinaus kaum zeitkritische Betrachtungen und Analysen. Zwei Jahre später erschien in München der gemeinsam verfasste Reiseführer «Das Buch von der Riviera» in der Reihe «Was nicht im Baedeker steht».

Auch wagte sich Erika wieder an das Theaterleben heran – diesmal aber nicht als Schauspielerin, sondern als Autorin. Es entstand das Stück «Hotels», von dem Klaus behauptete, es könne glatt von Alfred Polgar stammen. Selbst Annette Kolb ermutigte Erika, sich «ernsthaft ans Schreiben zu machen». Vielleicht war es diese Probe aufs Exempel, dass sich die Geschwister nun als Theaterautoren zusammentaten. Sie wollten vermutlich an die Skandalerfolge von Klaus' ersten Stücken anknüpfen, was ihnen allerdings nicht gelang. 1931 schrieben sie die Komödie «Plagiat». Klaus Mann betont in seinen Tagebüchern die gemeinsame Autorschaft («Im Jahre 1931 habe ich geschrieben [...] Mit E[rika] [...] Plagiat.»), doch erschien das Stück unter Erikas Namen im Theaterverlag Oesterheld. Es wurde nie aufgeführt. 1935 wurde der Verlag «arisiert», das Verlagsarchiv konfisziert. Lange galt «Plagiat» als verschollen, bis es 1996 im Nachlass eines privaten Sammlers auftauchte. Auch ein anderes Stück, das bis heute der Uraufführung harrt, «Athen», erschien ebenfalls bei Oesterheld im Jahre 1932 unter dem Pseudonym «Vincenz Hofer». 1989 wurde es wieder aufgelegt, unter dem alleinigen Namen Klaus Manns. Nach den Forschungen von Fredric Kroll hat Klaus auch dieses Stück zusammen mit Erika verfasst.

Auch die Schauspielerei ließ Erika Mann nicht los: Im März 1929 spielte sie die Fiore in des Vaters Stück «Fiorenza», im Mai die Königin in Schillers «Don Carlos». Dies wurde ihr größter Bühnenerfolg, sodass selbst missgünstige Kritiker, die ihr nie verziehen, dass sie die Tochter eines berühmten Dichters war, schweigen mussten. Erika selbst begründete den Erfolg damit, dass ihr die Rolle auf den Leib geschrieben sei: «Königin Elisabeth ist genau die Rolle, für die ich schwärme.»

Ihre Sprechausbildung kam ihr in diesen Jahren auch im Rundfunk zugute. Sie las aus des Vaters Roman «Der Zauberberg», plauderte zusammen mit Klaus im Äther über ihre Reiseerlebnisse, spielte in einer Rundfunkproduktion des «Tasso» die Leonore Sanvitale. Auch zum noch jungen Medium des Tonfilms wechselte sie bald. Man konnte sie in dem Film «Mädchen in Uniform» nach Christa Winsloe sehen, ebenso in Bruno Franks «Peter Voss, der Millionendieb». Darüber schrieb sie amüsiert, ganz Hansdampf in allen Gassen: «Ich gab eine uniformierte englische Fremdenführerin in Marseille, und obwohl ich gar nicht Englisch konnte, soll ich dies Idiom gesprochen haben wie der Erzbischof von Canterbury.» Doch der Lauf der Geschichte machte allen Erfolg zunichte: «Ein Vertragsangebot der betreffenden Firma (der Münchener Emelka) folgte, aber Hitler folgte auch. Und noch ehe er da war, hatte ich keinerlei Lust mehr am bloßen Theaterspielen, sondern wünschte, mich gegen ihn zu betätigen.»

So weit war es freilich noch nicht. Die Strudel der Zeit interessierten die Geschwister in diesen Jahren nur am Rande. Gierig sogen sie das Leben auf, genossen ihr Jungsein, wollten die Welt sehen. Vieles daran war vielleicht auch eine Weigerung, endlich ganz erwachsen zu werden, war eine Flucht nach vorne und vor den anstehenden – auch privaten – Problemen. Zumindest die Eheprojekte wurden nun endgültig abgetan: Im Januar 1929 wurde Erikas Scheidung von Gründgens vollzogen, im Jahr darauf heiratete Pamela Wedekind den Dichter Carl Sternheim.

In diesen wenigen Jahren vor dem Ausbruch der nationalsozialistischen Barbarei standen sich die Geschwister so nahe wie später nie mehr. So entschlossen sie sich im Winter 1929/30 zu einer zweiten Reise «rundherum». Es sollte diesmal über Frankreich, Spanien und Nordafrika bis in den Kongo gehen, von dort mit dem Schiff nach New York, und dann weiter nach Westen. Um unabhängiger zu sein, wollte man die Etappe in den Kongo mit dem Auto bewältigen. Klaus hatte erst kurz vorher das Fahren gelernt und war darin – wie in den Kinderjahren beim Schwimmen und Klettern – ängstlicher und ungeschickter als die Schwester. Erika dagegen fuhr seit Jahren in ihrem kleinen Ford kreuz und quer durch Deutschland, von einem Engagement zum nächsten Vortrag. Sie war es auch, die vor der Reise nach Afrika einen Ausbildungslehrgang als Automechanikerin absolvierte, sehr zum Gelächter und Spott der männlichen Kollegen. Doch was kümmerte es sie! Mit Klaus startete sie alsbald, und mit offenem Verdeck ging es über die kurvigen und staubigen Landstraßen Frankreichs und Spaniens. In Marokko, genauer in Fez, endete die Reise dann aber in einem Fiasko. Will man den Berichten des Bruders in seiner Autobiographie glauben, machten sie dort in einer solch exzessiven Weise mit Haschisch – dem «Kräutlein H.» – Bekanntschaft, dass sie beinahe gestorben wären und in ein Krankenhaus eingeliefert werden mussten:

«Erika liegt auf dem Bett, ich habe mir's in einem Lehnstuhl bequem gemacht. Ihr Aufschrei weckt mich. Sie ist auf den Füßen, stürzt durch den chaotischen Raum. Ich sehe den angstvoll aufgerissenen Blick in ihrem weißen Gesicht; ich höre sie jammern, aber ich verstehe kaum, was sie sagt. Ich bin noch vom Schlaf benommen. Mein Schlaf war tief, wie eine Trance ... [...]

Das Entsetzen in ihrem Blick teilt sich mir mit, um so mehr, da sie nun auch noch die Arme wirft und, den Kopf im Nacken, mit gemarterter Stimme ruft: ‹Wir sind vergiftet, alle beide! Das Haschisch ... Es ist aus mit uns!› [...]

‹Sag doch was!› fleht Erika mich an, da wir nebeneinander durch das nächtige Labyrinth der Blumenbeete und Gebüsche stolpern. ‹Wenn du nichts sagst›, flüstert sie mit erstickter Stimme, ‹dann muß ich wieder fallen. Ins schwarze Loch, in den Strudel, ins Bodenlose ... warum sagst du denn nichts?›

‹Mir fällt nichts ein ...› Meine eigene Stimme klingt mir weit entfernt, ein hohles, fremdes Summen. ‹Nur falls es dich interessiert ... Die Sache mit meinem Arm ... Mein rechter Arm: Er ist weg› [...]

Niemals werde ich beschreiben können, was mir nun widerfuhr: Es war schaurig über alle Worte. Es war Wahnsinn. Ja, es war die Hölle.

Erst flogen meine Arme davon, dann meine Beine; es folgten Hals und Kopf, schließlich der ganze Körper. Ich löste mich auf, explodierte in tausend Stücke. Meine Identität zerbarst: Die Fragmente meines Ichs flatterten durch den nachtschwarzen, parfümierten Garten.»

Dies war der Beginn ihrer Verführbarkeit durch Drogen. Von Phasen der Abstinenz abgesehen, blieben sie ihr Leben lang den Rauschmitteln zugetan. Während Erika als die Willensstärkere ihren Konsum einigermaßen unter Kontrolle hielt, nahm Klaus, mehreren Entziehungskuren zum Trotz, immer wieder Drogen und berauschende Medikamente. Sein persönliches Scheitern und sein früher Tod sind eng damit verknüpft. Entsetzlich sind die vielen Tagebucheinträge der kommenden Jahre, worin er beschreibt, wie er – fast besinnungslos – unter Entzug nachts durch Paris, Amsterdam oder New York taumelt und Freunde, Bekannte und Ärzte unter fürchterlichen Schmerzen um «Stoff» anbettelt.

Im Jahre 1930 jedoch, kaum zurück von ihrem Maghreb-Trip, befinden sich die Geschwister schon wieder lachend auf der nächsten Reise. Es ging über Paris in die Betragne. Dort, in Poveromo, entstand im Sommer dieses Jahres Klaus Manns Bühnenfassung von Jean Cocteaus Roman «Les enfants terribles» (deutsch unter dem Titel «Kinder der Nacht»). Sein Stück, das er «Geschwister» nannte, war ein Hohelied an Erika. Es darf, gerade aufgrund einiger bezeichnender inhaltlicher Abweichungen vom französischen Original, als originäres Stück Klaus Manns gelten. Um die Bedeutung des geschwisterlichen Verhältnisses in diesem Drama zu verstehen, lohnt eine kurze Analyse.

Klaus war Jean Cocteau wohl um 1926 in Paris begegnet und von dem irrlichternden, koboldhaften Charakter und Alleskönner schnell fasziniert. Auch Cocteau war den Jünglingen und den Drogen zugetan – er ließ sich bereits des Morgens den Opiumrauch von einem seiner Lieblinge in die Lungen blasen – und hatte in Frankreich den Ruf eines etwas mephistophelischen Dandys. 1929 erschien sein Roman «Les enfants terribles», und Klaus Mann schrieb eine begeisterte

Klaus und Erika Mann, um 1930.
«Im Bereich des wirklichen Lebens gehörten Erika und ich zusammen; unsere Solidarität war absolut und ohne Vorbehalt. Wir traten wie Zwillinge auf.»

Rezension, wie er überhaupt für etliche Werke des französischen Dichters eine Lanze brach und in Besprechungen und Aufsätzen zu ihrem Ruhm in Deutschland beitrug.

Der Inhalt von Roman und Stück ist schnell erzählt: Die erwachsenen Kinder Paul und Elisabeth hausen elternlos, nur von einem Dienstmädchen betreut, in einem Zimmer, einer Art hermetischen Märchenwelt, in die man nur über die Hemmschwelle von Inzest oder Tod gelangt. Paul, als Schüler von einem Schneeball aus den Händen des jugendlichen Draufgängers Dargelos getroffen und verletzt, leidet an dieser Wunde, einer sexuellen Metapher für ein homosexuelles Initiationserlebnis. Noch mehr erschüttert ihn aber die Heirat seiner Schwester mit dem Amerikaner Michael. Doch das Schicksal meint es sozusagen gut: Michael verunglückt tödlich mit dem Auto, sein Schal verfängt sich in den Radspeichen und erdrosselt ihn (ein Tod wie bei der Tänzerin Isadora Duncan 1927 in Nizza). Elisabeth ist trotz ihrer kurzen Ehe mit Michael in ihrer Seele Jungfrau geblieben, eine Jungfräulichkeit, die nicht nur im Inzest mit dem Bruder nicht schwindet, sondern im Gegenteil dadurch erst eine androgyn-geschlechtslose Weihe erfährt. Bei Cocteau heißt es:

«Die geweihte Jungfrau! Gérard hatte recht. Weder er noch Michael, noch irgendeiner auf der Welt würde Elisabeth jemals besitzen. Die Liebe offenbarte ihm jenen unfaßbaren Kreis, der sie von aller Liebe ausschloß und dessen Verletzung das Leben kostete.»

Zurückgezogen auf ihr Reich des Zimmers, entwickeln sich zwischen den Geschwistern psychische und sexuelle Abhängigkeiten und Quälereien, für die es schließlich nur noch einen Ausweg gibt. Elisabeth, die eine Giftkugel, ähnlich Dargelos' Schneeball, unter Verschluss hält, fängt einen Brief von Pauls Geliebter Agathe ab. Er, der sich in Agathe einen Ausweg aus dem Gefängnis des Zimmers versprach, glaubt sich von ihr verlassen und vergiftet sich mit der Kugel.

Sein Selbstmord war ein von der Schwester intendierter und inszenierter Mord. Elisabeth erschießt sich vor dem sterbenden Paul, um wenigstens im Tod mit ihm zu verschmelzen. Dieser Tod wird nicht als Endpunkt des Lebens, sondern als Beginn eines neuen Daseins, als Hochfest und Hochzeit dargestellt, ungehindert von der gesellschaftlich-bürgerlichen Forderung nach Ehe und Fortpflanzung:

«Nur wenige Augenblicke des Mutes noch, und sie werden dort angelangt sein, wo das Fleisch sich auflöst, wo die Seelen sich vermählen, wo man keinen Inzest mehr kennt. [...] Der Sterbende wurde zusehends schwächer. Er strebte zu Elisabeth hinüber, dem Schnee, dem Spiel, dem Zimmer ihrer Kindheit zu. Ein Sommerfaden verband ihn noch mit dem Leben, hielt ein verschwommenes Bewußtsein an seinen steinernen Körper geknüpft. Kaum daß er seine Schwester erkannte: eine hochaufgerichtete Gestalt, die seinen Namen rief. Denn wie eine Liebende ihre Lust hinauszögert, um die des andern zu erwarten, so wartete Elisabeth, den Finger am Abzug, die Todeszuckung ihres Bruders ab, schrie ihm zu, ihr zu folgen, rief ihn bei seinem Namen, lauerte auf den Augenblick der Verzückung, da sie im Tode einander angehören würden.»

Klaus Mann schreibt in seiner Rezension des Romans: «Aber aus dem Puppenspiel wird Tragödie, da die heroisch angewachsene Elisabeth [...] den schwächeren Bruder, der ihr verfallen ist von eh und je, zurückreißt auf den ihnen vorbestimmten Weg. [...] sie [halten] Einzug in ihr eigentliches Reich, das der tödlichen Losgebundenheit, in dem endlich ihre ersehnte Hochzeit, die auf dieser Erde, die der Fortpflanzung dient, verboten, weil widersinnig war, Ereignis werden darf.»

Die Geschwister schirmen sich nicht nur räumlich, sondern auch sprachlich von der Umwelt ab – auch dies muss Klaus Mann bei der Lektüre des Romans berührt haben. Elisabeth sagt einmal zu Paul: «‹Sehr liebenswürdig. Du bist verreist.› (In der Sprache der Geschwister bezeichnete der Ausdruck *verreisen* den Zustand, der durch das Spiel hervorgerufen wurde; man sagte: *ich will verreisen, ich verreise, ich bin verreist.* Den verreisten Spieler zu stören, galt als unverzeihlicher Verstoß gegen die Regeln.)»

Als im Tod die irdischen Grenzen zwischen den Geschwistern fallen, wird auch der Fetisch des hermetisch abgeschlossenen Zimmers endlich überflüssig, die Wände können fallen und Ausblick geben auf eine Welt hinter den Mauern: «Ihr [Elisabeths] Sturz riß einen der Wandschirme nieder. [...] Wie von einer Bombe zerrissen, zeigte die Umfriedung eine klaffende Wunde, und das heimliche Zimmer verwandelte sich in eine Bühne, die offen vor den Zuschauern lag.»

Wenn auch Klaus Mann im wirklichen Leben eine idealische Einswerdung mit der Schwester versagt war, so wollte er sie doch zumindest im Spiel, im Schauspiel inszenieren. Die beiden Hauptrollen seiner Bühnenbearbeitung «Geschwister» waren deshalb vom Autor sich selbst und der Schwester – wie schon in «Anja und Esther» – auf den Leib geschrieben. Diese Absicht wurde dann jedoch, mit Rücksicht auf das Publikum und den Ruf der Schwester, verworfen. Bei der Uraufführung am 12. November 1930 an den Münchner Kammerspielen gab zwar Erika Mann die Elisabeth, Paul wurde jedoch von Wolfgang Liebeneiner dargestellt, die Magd spielte Therese Giehse. Die Aufführung geriet dennoch zum Skandal – wohl durchaus zu Klaus Manns Genugtuung.

Zwar hielt er sich in seiner Fassung im Wesentlichen an die Motive des Romans, betonte und wertete einige aber eigenwillig. So hob er das Abhängigkeitsverhältnis der Geschwister stark hervor. Inzestmotive, etwa ein gemeinsames Bad, werden übernommen und szenisch ausgeführt. Wenngleich Klaus Mann Elisabeths Hinauszögern des Selbstmordes nicht – wie bei Cocteau – als symbolischen Orgasmus zeichnet, so flicht er doch schon vorher eine Szene mit ähnlicher Interpretationsmöglichkeit ein. Im «Einschlafspiel» liegt die sexuelle Symbolik offen zutage:

«*Elisabeth*: Ich weiß übrigens auch, warum wir jetzt oft so häßliches Zeug träumen und uns überhaupt so unangenehm fühlen; wir haben das große Einschlafspiel viel zu lange nicht gespielt.

Paul: Das ist doch das, wo die Betten Segelschiffe werden?

Elisabeth: Nein! Wo die Betten steigen: Erst langsam, dann schneller. – Aber das kannst du ja nicht mehr spielen. Da muß man seinen ganzen Willen zusammennehmen und sehr genau zusammenarbeiten.»

Offensichtlich hat ein inzestuöses Vorspiel zwischen den Geschwistern in der Bühnenfassung stattgefunden – im Gegensatz zu Cocteaus Vorlage, wo die beiden erst im Tode zueinander finden. Dennoch herrscht in Klaus Manns Version eine deutliche Inzest*hemmung*. Denn das Hauptproblem im Drama, dies eine Zutat Klaus Manns, besteht geradezu im Verbot des Sich«anfassens». Paul wird eifersüchtig auf den Amerikaner Michael, weil dieser als Bräutigam seine Schwester *berühren* wird: «Der Wirt aus New York will Elisabeth anfassen!» Paul liebt nicht nur die Schwester als Person, er sucht in ihr einen Zugang zu androgyner Vollkommenheit. Auch der Typus Dargelos wird von Klaus Mann übernommen und ausgearbeitet. Wenn etwa Paul sich in Agathe verliebt, dann nicht nur in der Absicht, sich dadurch endlich von seiner Schwester befreien zu können, sondern auch, weil er in Agathes Gesicht das von Dargelos wieder erkennt: «*Paul schaut sie an*: Daß mir das nie aufgefallen ist: wie du Dargelos ähnlich siehst! Sein Haar ist damals etwas heller gewesen, aber inzwischen kann es nachgedunkelt sein.»

Die Enge des fetischhaften Zimmers wird allerdings bei Klaus Mann noch dadurch unterstrichen, dass er ein Motiv einbaut, das die Außenwelt schlaglichtartig und bruchstückhaft aufleuchten lässt: An den Wänden des Zimmers, den Abschirmungen zur Realität, hängen Zeitungsausschnitte; so grinst die Außenwelt fast hämisch-drohend in die Welt der Geschwister hinein.

In Deutschland bildeten diese Realität in jenen Monaten vor allem die Nationalsozialisten: Bei den Reichstagswahlen wenige Wochen zuvor, am 14. September 1930, hatte die NSDAP 107 Mandate erhalten. Ein Stück wie «Geschwister» und die darin formulierten Ideen konnten in jener bereits von Hass und Intoleranz zerfressenen öffentlichen Stimmung nur Abscheu und Unverständnis ernten. Im «Völkischen Beobachter» etwa stand nach der Münchner Uraufführung: «Wäre Klaus Mann nicht der Sohn des Thomas Mann, wäre dieses Stück sicher nie über die Bretter gegangen. Und hätte Klaus Mann je im Bersten der Granaten gestanden und im Sturm nach vorwärts sein Gewehr gefällt, er hätte dieses Stück nicht geschrieben.» Weiter schreibt der Kommentator: «Als ich nach Hause ging, marschierten eben ein paar S.A.-Männer im Braunhemd vom Dienst kommend über den Marienplatz. Mit ihnen sprach ich noch vom Kampf der nächsten Tage und Wochen. Das versöhnte mich mit den 2 Stunden in der ersten Studio-Aufführung. Mögen die Literaten auf den Brettern eine sterbende Welt verherrlichen, auf der Straße marschiert das neue Deutschland.»

Das waren nur Vorboten, die die Geschwister nicht allzu ernst nahmen. Einstweilen wiegte man sich in der Sicherheit der Weimarer Verfassung und des eigenen beziehungsweise des väterlichen Rufes. Neben den Lorbeeren als Autorin und Schauspielerin erwarb Erika im Jahre 1931 auch noch solche als Rennfahrerin. Ford und der ADAC hatten eine 10 000-Kilometer-Fahrt quer durch Europa ausgeschrieben – und sofort bewarb sich Erika, mit Ricki Hallgarten als Beifahrer, für das Rennen.

In zehn Tagen rasten sie von Berlin durch die Schweiz, Frankreich, Spanien, Portugal, Österreich, Ungarn, Jugosla-

Erika Mann als enthusiastische Autofahrerin. Als Siegerin eines Auto-
rennens hatte sie 1931 geschrieben: «Wir wechseln die Länder weit öfter
als die Kleider.»

wien. Täglich 1000 Kilometer über staubige Landstraßen, nebenbei noch Artikel und Reportagen für «Tempo» schreibend, ein einziger «toller Ausnahmezustand». Am 6. Juni zogen Erika und Ricki als Sieger in Berlin ein, und Erika ließ sich von der Presse mit ihren ledernen Autohandschuhen fotografieren. Dass freilich einem ihrer Bonmots, das sie während der tolldreisten Fahrt im Überschwang formuliert hatte, wenige Jahre später, im Exil, eine weit tragischere Bedeutung zuwachsen würde, hätte sie damals nicht gedacht: «Wir wechseln die Länder weit öfter als die Kleider.»

In jene Jahre vor Hitlers Machtergreifung fällt auch der Beginn der Freundschaft der Geschwister mit der Schriftstellerin Annemarie Schwarzenbach. Auch sie war, ähnlich dem gemeinsamen Freund Ricki Hallgarten, von depressiven Stimmungen gefährdet. Die 1908 in Zürich als Tochter eines Seidenfabrikanten Geborene war wie die Geschwister Mann in äußerlich gesicherten, ja vornehmen und wohlhabenden Verhältnissen aufgewachsen. Hoch begabt, wurde sie Roman- und Reiseschriftstellerin, promovierte in Archäologie und arbeitete später eine Zeit lang in Persien. Früh schon empfand sie jedoch eine doppelte Entfremdung zur bürgerlichen Welt, der sie entstammte: Zum einen liebte sie Frauen, zum anderen fühlte sie sich von der rechtsnationalen Gesinnung ihres Elternhauses, besonders der Mutter, abgestoßen. Annemarie Schwarzenbach lernte nun Erika und Klaus kennen und war von beiden, ihrer Nonchalance, ihrem bohemienhaften Lebenswandel, ihren Ideen, ihren Büchern fasziniert. Auch hatte es ihr Erika als Frau angetan. Annemarie umwarb sie leidenschaftlich, ein Gefühl, das ihr die Ältere jedoch nicht entgegenbringen konnte. Dennoch entwickelte sich zwischen Erika, Klaus, Annemarie und Ricki eine tiefe Freundschaft, trotz oder gerade wegen des erotischen Beiklangs. Selbst Klaus war von der androgynen, jünglinghaften Schönheit der Schweizerin beeindruckt. In seltsamer Weise wiederholte sich in diesen Jahren eine Kon-

Annemarie Schwarzenbach, Klaus und Erika Mann (von links), am Lido, 1932. Hinten: Herbert Franz (?).

Thomas Mann hatte einmal zu Annemarie Schwarzenbach gesagt: «Merkwürdig, wenn Sie ein Junge wären, dann müßten Sie doch als ungewöhnlich hübsch gelten.»

stellation – wie einst das Gespann der «Revue zu Vieren» –, die zwischen Inspiration und Verzweiflung, Freundschaft und uneingelösten Gefühlen pendelte.

Waren es persönliche Probleme, die depressiven Neigungen, die zunehmend bedrückende politische Situation oder schlicht die Neugier und die Verführbarkeit: In diesem Kreis wurden bei den gemeinsamen «Thun-Festen», wie Klaus es nennt, reichlich Drogen genommen. In Klaus' Tagebüchern und den Briefen der Geschwister nehmen Bemerkungen zur Rauschmitteleinnahme einen breiten Raum ein. Klaus verband seine Abhängigkeit zudem mit ungelösten Schuldkomplexen gegenüber der Schwester. In einem Brief vom Januar 1932 schreibt er der an Gelbsucht erkrankten Erika eine schnoddrige Bemerkung über den steigenden Drogenkonsum und verharmlost die Angelegenheit durch den Gebrauch der geschwisterlichen «Kindersprache»: *«Ja, hüte dich nur, der Dichter [Cocteau] hat sehr anschaulich vorgemacht, wie scheusslich es [eine Gelbsucht] tut. [...] anschliessend davon lag ich lange auf Mopsens Bett, um die Drogue Heroin zu versuchen, weil ich doch ein neugierig klein Dingerle bin. Sie tut auch sehr wohl.»*

Auf besorgte schwesterliche Ermahnungen hat Klaus häufig nur den äffenden Gegenratschlag an Erika parat: *«Nicht zu viel Euka [Eukodal] genießen, es verdirbt den ganzen Charakter.»* In Erikas Briefen an den Bruder finden sich nämlich immer wieder teils entsetzte, teils lustvoll beschriebene Warnungen vor dem Drogenmissbrauch, besonders in den ersten Jahren des Exils, als die beiden die widrigen äußeren Lebensumstände in Rauschmitteln zu vergessen suchten. So schreibt sie an Klaus im März 1933:

«Was macht das kleinbürgerliche Laster. Tus nicht, Hulda [Neckname für Klaus Mann], tus nicht, gerade weil die Zeiten so freundlich dazu einladen, soll man es lassen, – die Zeiten sind so schlecht, dass man keiner ihrer Lockungen willfahren darf. Annemarie [Schwarzenbach] und ich hatten neulich große Er-

lebnisse mit Resten des dämlichen Wolfgangpulvers, welches nicht nur schauerlich juckte und wahre Beulen erzeugte, sondern auch, zwei Stunden nach Genuss, fast wie Kräutlein H. [Haschisch], die fürchterlichsten Folgen zeitigte [...].»

Nichtsdestoweniger nahmen die Geschwister auch gemeinsam Drogen. «Großes Nehmen bei E[rika] (Eu. [Eukodal])», notiert Klaus Mann wiederholt im Tagebuch. Ja, er identifiziert öfter sogar die Droge Eukodal mit der Schwester, so unbewusst einiges über seine Abhängigkeit von beiden aussagend. Die Notiz vom 22. September 1933 – inzwischen ist auch Therese Giehse mit von der Partie – steht hier nicht allein, immer ist der Begriff «Schwesterchen» doppelt besetzt: «Dann wieder mit E[rika], Miro [Annemarie Schwarzenbach], Theres [Therese Giehse]. ‹Schwesterchen.› Gut.» Diese Ambivalenz von gemeinsamem Drogenkonsum, dem gemeinsamen Vergessenkönnen, wie es Klaus Mann auch im Drama «Geschwister» heraufbeschwor, und den teils schnoddrig anmutenden Mahnungen der psychisch stabileren Schwester an den Bruder, doch mit dem «Unsinn» aufzuhören, setzte sich in den folgenden Jahren bis zu Klaus Manns frühem Tod im Jahre 1949 mit der traurigen Stringenz einer schwarzen Komödie fort.

Das Verhältnis der Geschwister ist in diesem Jahr 1932, dem letzten vor dem Exil, kompliziert und voller Missverständnisse und Meinungsverschiedenheiten. Die große Gereiztheit im Land schien sich auch auf den privaten Umgang zu legen. Das Jahr begann scheinbar ruhig, wie Klaus Mann am 3. Januar schwärmerisch notiert: «E[rika] kurz spazieren (wie in alter Zeit ...).» Bald jedoch schlugen Worte der Anfeindung von außen hoch: Erika Mann sprach am 13. Januar auf einer pazifistischen Frauenversammlung im Münchner Unionssaal, mit der man auf die Genfer Abrüstungskonferenz im März Einfluss nehmen wollte. Dabei kam es zu Störungsversuchen durch SA-Leute. Klaus Mann berichtet in seinem Tagebuch nicht ohne Bewunderung für seine

Schwester: «Ein aufregender Störungsversuch von Nazi-Buben, die eindringen wollten; kurze Panik. E[rika]'s Schlussrede – ihr weisses Gesicht – sehr rührend-eindrucksvoll, wird stark applaudiert.» Tatsächlich war der Zwischenfall damit nicht so glimpflich · abgetan. Die Nazi-Presse inszenierte nämlich einen Skandal, der Klaus und Erika Mann große Kräfte kosten sollte und beide Personen und ihr Werk frühzeitig auf die schwarze Liste der kommenden Machthaber brachte. Am 16. Januar 1932 berichtete der «Völkische Beobachter» auf der Titelseite über die Veranstaltung und schrieb unter der Schlagzeile «Pazifistische Frechheiten der Internationalen Frauenliga: [...] ‹Kultur›- und Erziehungsblüten aus dem Hause Thomas Mann» unter anderem Folgendes:

«Ein besonders widerliches Kapitel stellte das Auftreten *Erika Manns* dar, die als Schauspielerin, wie sie sagte, ihre ‹Kunst› dem Heil des Friedens widmete. In Haltung und Gebärde ein blasierter Lebejüngling, brachte sie ihren glühenden Unsinn über die ‹deutsche Zukunft› vor. *Als eine deutsche Frau den unglaublichen Satz aus dieser ‹deutschen Zukunft›: ‹Es gibt keine Verteidigung der Heimat mehr›, mit einem Pfuiruf quittierte, wurde sie aus dem Saal gewiesen.* Das Kapitel ‹Familie Mann› erweitert sich nachgerade zu einem Münchener Skandal, der auch zu gegebener Zeit seine Liquidierung finden muß.»

Klaus Mann war, wenn es um die Ehre seiner Schwester Erika ging, fast genauso betroffen wie sie selbst. Bereits an ebenjenem 16. Januar notierte er, gerade nach Berlin gereist, im Tagebuch: «E[rika] – München telephoniert, die noch lange nicht gesund und vom ‹Völkischen Beobachter› wegen der pazifistischen Versammlung als ‹blasierter Lebejüngling› beschimpft wurde. [...] Mir den ‹Völkischen Beobachter› mit phantastischen Pöbeleien gekauft. Will versuchen, hier eine Entgegnung und Richtigstellung zu lancieren.»

Wochen später – auf einer Reise von Berlin nach Paris:

«Viel an E[rika] gedacht (ob die Nazis uns in München die Fensterscheiben einschmeißen?)» Seine Besorgnis zeigt sich auch brieflich voller Innigkeit: *«Auf der einen Hand die ganze Welt, auf der anderen Du – und es hält, siehe, im schwebenden Gleichgewichte.»*

Schließlich, mit redaktionell bedingter Verzögerung, erschien am 4. Februar im Berliner «8 Uhr-Abendblatt» sein Artikel «Klaus Mann verteidigt seine Schwester. Scharfe Abwehr der Gemeinheiten des ‹Völkischen Beobachters›».

«Das herzhafte ‹Pfui› jener Dame», schreibt er, «die geglaubt hatte, im Union-Saal finde gerade an diesem Abend eine *Tannenberg*-Feier statt, galt *Erika Mann*, als diese sagte, es werde in Zukunft keinen Defensivkrieg mehr geben – also auch keine ‹Vaterlandsverteidigung› –, da nur Chancen habe, dessen Giftgasgeschwader *zuerst* über der feindlichen Hauptstadt ankommen. – Wenn auf Erika Mann die Rede kommt, erreicht die *hysterische Gereiztheit* unseres beunruhigten ‹Beobachters› ihren Höhepunkt; er wird geradezu – geistreich vor Bitternis, wenn er, zum Beispiel, feststellt, auf *ihn* habe die junge Schauspielerin wie ein ‹*blasierter Lebejüngling*› gewirkt. Da hat er wieder mal total anders beobachtet als das vielhundertköpfige Publikum, das Erika Mann – die übrigens schwerkrank, aber glühend vor einer verhaltenen Innerlichkeit – mit langem Beifall begrüßte und ihr atemlos lauschte.»

Die publizistische Antwort der Nazis folgte auf den Fuß – als offene Drohung gegen Leib und Leben in der Zeitschrift «Die Brennessel». Der Kolumnist «Lancelot» schrieb unter einer geschmacklosen Karikatur auf Erika Mann: «Es gibt eine junge Generation, die ungeistig genug ist, um Dir einmal furchtbar auf die Pfoten zu klopfen. Doch Du brauchst keine Angst zu haben, Kläuschen, es wird mit dieser Feststellung kein Angriff auf Deinen zarten Knabenkörper geplant. Du wirst nur so nebenher vernascht. Grüß Erika, Dein Lancelot.»

Trotz der Parteinahme von Klaus Mann für seine Schwester kam es immer wieder zu Spannungen zwischen den beiden, wenn das Gespräch um die Politik kreiste. Erika stand, anders als Klaus, der noch 1934 auf einen Schriftstellerkongress nach Moskau eingeladen wurde, nie der Idee des Kommunismus nahe. Am 15. März schreibt Klaus Mann mit dem Unterton der Enttäuschung im Tagebuch: «Hier noch langer Disput mit E[rika] über den Kommunismus. Sind die jungen Russen glücklich? (E[rika]'s Glaubenslosigkeit.)» Und ergänzend hierzu am 22. Mai: «Noch bei E[rika], Whisky trinken. Lange gesessen. Gespräch über Berlin. E[rika]'s Hass. Spüre Zusammenhang mit Gespräch von neulich über ‹Beziehung zum Kollektiv›.» Notizen über Zwistigkeiten reißen in der nächsten Zeit nicht ab. «Noch lange mit E[rika]. Ihr Vorhaltungen gemacht. Angst, sie gequält zu haben. Anteilnahme, mehr als an mir selbst», heißt es in Klaus Manns Tagebuch vom Oktober. Erwähnenswert ist hier nicht die Meinungsverschiedenheit als solche, sondern die Verkettung von Zuneigung und schuldbeladener Abhängigkeit in Klaus Manns Empfinden der Schwester gegenüber. Der «Angst, sie gequält zu haben» folgt sogleich die Sühne: Am 8. Oktober, nach einer «Auseinandersetzung mit E[rika]», vermerkt er: «Zu Fuss in die Stadt. In den Werkstätten Kettchen für E[rika] gekauft.»

Erholung und Ablenkung von öffentlichen Anfeindungen versprach – wie so oft zuvor – eine Reise: Erika, Klaus, Ricki Hallgarten und Annemarie Schwarzenbach wollten mit dem Auto nach Persien fahren. Erika hatte sich gerade in den letzten Monaten viel um Ricki gekümmert und ihn durch gemeinsame Projekte von seinen Stimmungsschwankungen abzulenken versucht. So waren mit ihr als Autorin und Ricki als Illustrator das Weihnachtsspiel «Jans Wunderhündchen» und das Kinderbuch «Stoffel fliegt übers Meer» entstanden. Das Erscheinen des Buches erlebte Ricki Hallgarten nicht mehr. Am Abend vor der Abreise nach Persien, am 5. Mai 1932, feierten die Geschwister zusammen mit den Eltern und Annemarie Schwarzenbach im Haus in der Poschinger Straße. Man wartete noch auf Ricki – vergeblich. Stattdessen klingelte das Telefon, die Polizei war am Apparat und meldete, Ricki Hallgarten habe sich in Utting am Ammersee erschossen. Ein schwerer Schlag für Erika und Klaus. Der Tod sollte von nun an beider Lebensweg begleiten. Durch Selbstmord verloren sie in den nun kommenden Jahren des Exils etliche Freunde und Bekannte. Auch für Klaus wurde der Tod immer mehr zur Versuchung, zur Verheißung von Ruhe. Erika war seit Ricki Hallgartens Ende von bösen Ahnungen ergriffen, stand aber der Todesverfallenheit des Bruders immer machtloser gegenüber. Dieser Tag im Mai des Jahres 1932 war für sie wie ein Menetekel des aufziehenden Gewitters, der nationalsozialistischen Barbarei.

«Lieber Gott, wie S O L L ich es schaffen??»

Gewöhnung ins Exil.
1933 – 1936

Kurz bevor die Familie Mann Deutschland verließ, gründete Erika zusammen mit der Schauspielerin Therese Giehse das Kabarett «Die Pfeffermühle». Seit der Uraufführung von Klaus Manns Drama «Geschwister» verband Erika und Therese eine tiefe Freundschaft. Nachdem sich ein neuer Reiseplan – eine Vortragstournee nach Südamerika, deren Planung Klaus übernommen hatte – zerschlagen hatte, wollte man im eigenen Land ein Zeichen gegen den aufkommenden Nationalsozialismus setzen. Schnell waren Freunde aus dem Schauspielermilieu für das Projekt begeistert, unter anderem Albert Fischel und Sybille Schloß. Die Regie lag in Therese Giehses Händen, Conférence und Prinzipat in jenen Erikas. Die Musik stammte von Magnus Henning, Textdichter waren Erika, Klaus, Walter Mehring, Hans Sahl und Wolfgang Koeppen. Nur bei der Namensgebung des Kabaretts war man sich nicht einig. Die literarische Legende berichtet, man sei in der Poschinger Straße zu Tisch gesessen, als Thomas Mann die neben dem Teller stehende Pfeffermühle ergriffen und gesagt habe: «Wie wär's denn damit?»

Am 1. Januar 1933, knapp einen Monat vor der Machtergreifung durch die Nationalsozialisten, war es so weit: Die Truppe stellte in den ausverkauften Räumen der Münchner «Bonbonnière» das erste Programm vor. Man spielte Wand an Wand mit dem Münchner Hofbräuhaus, wo vier Wochen später Adolf Hitler vor Parteigenossen seine Antrittsrede als Reichskanzler hielt. Bald interessierte sich auch das neue Regime für die «Pfeffermühle», Innenminister Frick höchstper-

Erika Mann als Pierrot in «Kälte», 1934.
«Warum sind wir so kalt?
Warum, – das tut doch weh!
Warum? Wir werden bald
Wie lauter Eis und Schnee!»

sönlich wohnte einer Aufführung bei und machte sich Notizen für die Geheimakte der Familie Mann. Dabei war Erikas Kabarett gar nicht politisch im heutigen Sinne, sondern eher literarisch und gemäßigt kritisch, was ihr bald Sozialisten und Kommunisten zum Vorwurf machten. Jedenfalls kam der Ton bei vielen Münchnern gut an. Der Kritiker Ernst Heimeran schrieb: «Es gibt in München mehrere Arten von Kabaretts, die alle ihr Publikum haben. Es gibt hinwiederum eine Art von Münchener Publikum, dem bisher sein Kabarett fehlte. So entstand die ‹Pfeffermühle›.» Erika besaß als Conférencière wie auch als Schauspielerin große Ausstrahlung, besonders als Pierrot in der ab 1934 gespielten Nummer «Kälte» wusste sie zu begeistern. Eine Aufnahme zeigt sie so, melancholisch und von androgyner Schönheit, ein Foto, das Thomas Mann sehr liebte und gerahmt stets in seinem Arbeitszimmer stehen hatte.

Klaus Mann wurde ein enthusiastischer Mitarbeiter. Jetzt konnte er ihr weiter unentbehrlich und nah zugleich sein, obwohl ihnen mit Beginn des Exils einige sorglose Reise- und Vergnügungsmöglichkeiten entzogen waren. Allerdings zeigen seine Texte, im Gegensatz zu Erikas, weit weniger Biss. Ein Beispiel hierfür ist sein «Telephon-Duett». In diesem Gespräch ist es Klaus Mann gelungen, gleichsam an der kritischen Intention des Kabaretts vorbei eine Liebeshuldigung an die Schwester einzuschleusen.

«ER:
Unseren unerfahrenen Herzen
Zeigte die Zeit ihr wahres Gesicht.
Diese Zeit lässt nicht mit sich scherzen.
Sie zerstörte uns das süsse Spiel.
SIE:
Wir müssen uns neue Spiele ausdenken –
[…]
Diesen Sommer dürfen wir nicht segeln,

Nicht mehr unsre großen Spiele spielen.
Denke dir: ich habe doch die Regeln
Unsres großen Spieles ganz vergessen.
BEIDE:
Wann war das? Vor wie viel Jahren?
Peter Peter! (Doris Doris!)
Daß wir an dem See beisammen waren,
Wo der Sonnenglanz aufs Wasser fiel
Und da spielten wir das große Spiel.
Wie lang ist das her?»

Freilich ist der Text zu chiffriert, als dass Außenstehende die zweite Bedeutungsebene ohne weiteres entschlüsseln konnten. Erika allerdings begriff die indirekte Widmung.

Klaus zeigte von Anfang an auch publizistisches Engagement für die «Pfeffermühle». So erschien am 10. Januar 1932 im «8 Uhr-Abendblatt» sein Artikel über die Premiere mit dem Titel «München wird wieder netter». Über die Schwester heißt es darin voller Stolz: *«Erika Mann* macht die Conférence, sie hält alles zusammen, und sie ist es auch, die die meisten Nummern geschrieben hat; in verschiedenen tritt sie selber auf.» Und an anderer Stelle: «Er [Karl Theodor Glock] hat nur eine Nummer; diese wirkt besonders intensiv. Er kommt als Arbeitsloser und erzählt, was er sich so denkt – das Gedicht ist ausgezeichnet, sein Autor Erika Mann.»

Am 30. Januar übernahm Hitler das Amt des deutschen Reichskanzlers. Noch dachte man im Hause Mann nicht ernsthaft an ein Exil, wiewohl man im Familienkreis schon darüber diskutiert hatte. Man feierte ausgelassen den Münchner Fasching, von dem der Schwabinger Dichter Karl Wolfskehl begeistert berichtet: «Der Münchener Fasching [...] lässt den Menschen zu sich selber kommen und gerade darum ist er früher die Angelegenheit aller gewesen, für die man Betten und Hausrat verpfändete, um nur mittun zu können.»

Schließlich blieb zum Verpfänden des Besitzes gar nicht mehr die Zeit: Thomas und Katia Mann reisten am 11. Februar zu einer Vortragsreise nach Holland und in die Schweiz – eher ahnungslos, was den politischen Ernst in Deutschland anbelangte. Unterdessen waren von allen Mitgliedern der Familie Dossiers angelegt, und Hanns Johst, Schriftsteller und Präsident der Reichsschrifttumskammer, schlug wenige Monate darauf, im Oktober 1933, dem Reichsführer der SS Heinrich Himmler zynisch vor: «Könnte man nicht vielleicht Herrn Thomas Mann, München, für seinen Sohn [Klaus] ein wenig inhaftieren? Seine geistige Produktion würde ja durch eine Herbstfrische in Dachau nicht leiden.»

In den Nazi-Dossiers über Erika und Klaus Mann aus dem Jahre 1934 finden sich obskure Vermutungen: «Über das Verhältnis zwischen den Geschwistern Klaus und Erika Mann war Bestimmtes nicht in Erfahrung zu bringen. Nach allerdings unkontrollierbaren Gerüchten soll zwischen den Geschwistern ein mehr als geschwisterliches Verhältnis bestehen.» Außerdem seien, so weiß die Akte zu berichten, die Geschwister das Unglück der Familie Thomas Mann schlechthin.

Am 27. Februar 1933 brannte in Berlin der Reichstag – ein willkommener Anlass, die «Verordnung zum Schutz von Volk und Staat» in Kraft zu setzen und das Land mit Verhaftungen und Hausdurchsuchungen zu überziehen. Telefonisch warnten Erika und Klaus die Eltern davor, nach Deutschland zurückzukehren. Die Geschwister selbst harrten noch zwei Wochen in München aus. Im eigenen Hause war man nicht mehr sicher, denn der Chauffeur Hans war – wie sich später herausstellte – ein Spitzel der Nazis. Schließlich verließ Klaus München am 13. März und fuhr mit dem Zug nach Paris.

Erika setzte sich am selben Tag in ihren Ford und floh nach Arosa in der Schweiz. Therese Giehse und etliche Mitglieder der «Pfeffermühlen»-Truppe folgten wenig später. Im

Gepäck hatte Erika bei ihrer Flucht das unvollendete Manuskript des Joseph-Romans, an dem der Vater arbeitete. Eine literarische Legende berichtet, Erika sei Monate später heimlich, mit Sonnenhut und dunkler Brille getarnt, in ihrem Ford über die Schweizer Grenze zurück nach München gefahren, wo sie kaltblütig im Arbeitszimmer des Vaters dessen wichtigste Manuskripte zusammengerafft habe und – den Joseph-Roman im ölverschmierten Werkzeugkasten versteckt – in die Schweiz zurückgefahren sei. Das ist eine Geschichte, die Erika später in ihrem gemeinsam mit Klaus verfassten Buch «Escape to Life» selbst in die Welt gesetzt hat. Eine Legende zwar, allerdings eine schöne, und eine, die durchaus zum tatkräftigen und mutigen Charakter Erikas passt.

Wie bereits 1932 kam es auch im ersten Jahr des Exils vermehrt zu Spannungen zwischen den Geschwistern, die mitunter durch die gemeinsame Arbeit in der «Pfeffermühle» ausgelöst wurden und sicher auch mit der zunehmenden psychischen Belastung durch die politische Lage in Deutschland zusammenhingen. Bereits vor dem Exil, im Januar 1933, notierte Klaus Mann etwas dunkel ins Tagebuch: «Vorsatz zu arbeiten, durch Nervosität und Mangel an Zutrauen verdorben. (Auch verärgert durch eine Antwort von E[rika]: ‹Dann nehme ich eben keine Dichtungen mehr von dir.›) Kommt mir vor, dass ich noch nie auf einem so tiefen Punkt war, auch rein karrieremäßig.»

Bei solchen Äußerungen schwingen auch Verlustängste mit, Ängste um Erika, die er ja gerade durch enge berufliche Zusammenarbeit an sich binden wollte. Deshalb verwundert es nicht, wenn in den nun folgenden Monaten auch Todesvisionen, in denen die Schwester oft im Mittelpunkt steht, zunehmen. Klaus Manns Tagebuch gibt uns Einblick: «Wieder die Stimmung nahe an Trauer; dies Leben, das eigentlich nur mit E[rika] zu teilen wäre; uns nicht beschieden.»

Und ein andermal: «Morgens, nichts als der Wunsch zu sterben. Rechne mir aus, was ich heute aufgeben würde – muss es geringfügig finden. Die Chance einer wirklich glücklichen Verbindung – fällt aus. Die Chance des literarischen Ruhms in näherer Zeit für unsereins – fällt wahrscheinlich auch aus. Wenn ein Gift dastünde, würde ich *sicher* nicht zögern – wenn nicht E[rika] (und M[ielein / Katia Mann].) wären. Durch sie gebunden. Aber immer gewisser, dass E[rika]'s Tod sofort meinen nach sich zöge; dass mich dann auch die Arbeit nicht hielte. Übrigens keine Spur von Todesangst. Der Tod *kann* nur als Erlösung empfunden werden. Sicher war es auch für den Ricki nicht schlimm.»

Klaus Mann wusste oder ahnte schon damals, dass seine Sehnsucht nach der Lieblingsschwester sich nicht einlösen ließe, dass eine Einheit mit ihr, wie sie ihm unklar vorschwebte, ihm nicht beschieden war. Trotz dieser bis zum Lebensüberdruss schmerzhaften Einsicht konnte er gerade der Schwester wegen vom Leben nicht lassen: «Durch sie gebunden.» Doppelt war sein Dilemma: in keiner der beiden Welten, der irdischen nicht und nicht in der jenseitigen, konnte er sein Glück finden, weder in der Nähe zu einem geliebten Menschen noch im Vergessen im Tod. «Es war nie mein Schicksal, dort zu lieben, wo man Hilfe von mir braucht.»

Seine bittere Einsicht, keinen Menschen besitzen zu dürfen, hatte er kurz zuvor in seinem beeindruckenden, an der Romanform Virginia Woolfs geschulten Buch «Treffpunkt im Unendlichen» (1932) umrissen: Darin verliert Sebastian, ein Alter Ego des Autors, seine schwesterliche Geliebte Sonja an den Tod. Der Erzähler beschwört das Liebespaar: «Wir haben verschiedene Erinnerungen, und es scheinen dieselben. Du mußt mein Bruder sein. Du mußt meine Schwester sein. Wir haben uns so lang aufeinander vorbereitet, um schließlich einander würdig zu werden.» Und er zitiert andeutungsweise aus einem Liebesgedicht Goethes an Char-

lotte von Stein («Warum gabst du uns die tiefen Blicke»):
«Ach, du warst in abgelebten Zeiten – –», und verschweigt
verschämt die nächste Zeile: «meine Schwester oder meine
Frau». Sonja in Klaus Manns Roman vergiftet sich in Marokko mit dem «Kräutlein H.», gemeint ist damit das Haschisch, eine Reminiszenz an die Erlebnisse Klaus' und Erikas 1930 in Fez, gemeint ist aber auch die Hingabe. Sie ist
nämlich in Besitzergreifung umgeschlagen, was mit dem Tod
bestraft wird.

Diese fatale Verbindung von Todessehnsucht und Drogenkonsum, von Hingabe und Liebesverbot gewinnt in den ersten Jahren des Exils in Klaus Manns eigenem Leben immer
mehr an Kontur. «Schwesterchen Euka», wie er das Rausch-
gift Eukodal in seinen Tagebüchern scherzend nennt, und
«Schwesterchen Erika» gehen in seinem Denken eine sym-
bolträchtige und fatale Verbindung ein und formen sich zu
einem Schuldkomplex: «Unterhaltung mit E[rika], wegen
des Nehmens», schreibt er 1935 in seinem Tagebuch. «Sie
warnt eindringlich, sicher nicht ohne Recht. Wäre sie nicht,
wäre ich tiefer drin, oder schon nicht mehr.» Ihre gut gemein-
ten Warnungen und Ratschläge – obgleich sie ja selbst süchtig
ist – wachsen sich in Klaus' Psyche zu Schuldgefühlen aus;
immer wieder fürchtet er, «nicht artig» gewesen zu sein. Ins
Tagebuch notiert er: «Wieder schauerlich depressiv – oder
süchtig? (Aber ich glaube nicht, dass es das, oder vor allem
das ist.) Wieder geschrien vor Traurigkeit. Wie soll ich es
schaffen? Lieber Gott, wie SOLL ich es schaffen?? Du süsser
Tod. – – – – Schrecklicher Abend. Mir scheint, ich erinnere
mich an keinen, der ebenso schrecklich. Vollkommen erstarrt
vor Verzweiflung; konnte nicht lesen, kaum rauchen. Nichts
gegessen. Nur gelegen und an den Tod gedacht. […] Später
ein paar Minuten mit E[rika]. Es ist nur Ausfallserscheinung,
sagt sie. – Es ist furchtbar, dass ich ihr das antun muss.»

Nein, er war nicht artig, und Erika musste dem Bruder ins
Gewissen reden: *«Nimm kein Thun [Rauschgift] mehr, – ich*

tue es auch nicht! Es ist ungesund! Es ist kostspielig! Es ist gefährlich! Ja, siehst denn Du das *nicht ein?*»

Dieser eher peinlich-bevormundende Ton weicht bisweilen verzweifelter Heiterkeit. Als Klaus sich einer Entziehungskur unterzieht, er hinter Gittern die Qualen des Entzugs durchleidet, schreibt Erika ihm in den Worten ihrer gemeinsamen Kindersprache:

«*Ach, Du Unhold! Du Rabe, Du Besen!* [...] *Bleib dorten, solange die Doctores dies für wünschenswert halten! Geh* keinesfalls *und* keinen *Tag früher weg!* [...] *Bleib dort, – bis Dir jeder sagt,* was wollen *Sie noch hier Herr, – Sie machen sich, Herr, ja lächerlich!* [...] Böse *Kinder aber will ich* gar *nicht in meinem Salonzimmer haben, – nein, nein, nein, –* schnell, schnell *hinaus!* [...] *Machs gut, Freundchen, – gründlich, – und FUER IMMER (da sonst Gross-Schi für alle Zeiten aufgehoben und nichtmehrmöga grundlegend erklärt werden müsste!!!) Und sei ferngehegt von E.*»

Der Konflikt zwischen Suche nach Nähe bei gleichzeitigem Verbot der Hingabe aus dem Roman «Treffpunkt im Unendlichen» wurde im Exil tatsächlich zu einem Fluchtpunkt der Lebensperspektive. Während Erikas «Pfeffermühle» zunächst überwiegend in Zürich gastierte, musste Klaus Mann mehr und mehr seinen editorischen und lektoralen Verpflichtungen beim Verlag Querido in Amsterdam nachgehen. Er hatte mit Geldern von Annemarie Schwarzenbach eine Zeitschrift, «Die Sammlung», gegründet, worin er der deutschsprachigen Exilliteratur ein Podium geben wollte.

Die räumliche Trennung von Erika Mann notiert er schmerzlich: «*Zandvoort, Grand Hôtel.* Verbundenheit mit E[rika]. Unter den Umständen jetzt jeder Abschied – grösser.» Und zwei Tage später: «Unterwegs; wie auch sonst oft tagsüber, sehr nachgedacht wie ungehörig und traurig es ist, dass ich allein bin, wo ich so bereit wäre – – – Der Zusammenhang mit E[rika]. Aber die hat Theres [Therese Giehse], hatte Pamela [Wedekind]. Das Gesetz unserer Bindung würde es also gestatten, dass auch ich mich noch nach einer anderen Seite binde.»

Natürlich machte sich Klaus Mann, was das «Gesetz unserer Bindung» anbelangt, etwas vor. Auch weil er sich so eng an die Schwester band, gelang ihm nie eine wirklich erfüllte Beziehung zu einem Mann. Das Verhältnis zu Erika als der Stärkeren war und blieb einseitig abhängig.

So ist es auch zu verstehen, weshalb er bereits in den ersten Wochen des Exils versuchte, Erika beruflich an sich zu binden. Am 30. März 1933 schreibt er flehentlich an den amerikanischen Verleger Joseph Brewer: «Wenn Du in Amerika IRGENDETWAS für mich und Erika weißt, irgendeine Art von literarischer Arbeit, sei es an einem Verlag, an einer Zeitschrift, einer Universität – so laß es mich wissen! ... Wir würden natürlich furchtbar gern nach Amerika kommen, etwa im nächsten Herbst. Freilich weiß ich, wie schlecht auch dort alles steht. Aber schließlich sind wir doch nicht so ganz unbekannt dort, vielleicht ist doch irgendeine kleine Chance.»

Die Zeiten waren schlecht, und die blinde Bürokratie tat ein Übriges. Probleme mit Pässen, Aufenthalts- und Arbeitsgenehmigungen stellten sich ein. «E[rika] zeitweise», so Klaus Mann im Tagebuch, «– die *so* viel scheusslichen Ärger mit den Ämtern hier, der mich mitquält.»

Ein Grundproblem jedes Exilanten war und ist, dass er ohne Pass als Mensch eigentlich gar nicht existiert – eine Farce kafkaesken Ausmaße. Er genießt keinerlei Bürgerrechte, ihm droht aus dem Gastland ausgewiesen zu werden, während er doch nicht ohne Gefahr für Leib und Leben in die Heimat zurück kann, um seinen Ausweis verlängern zu lassen. In dieser Situation half Klaus seiner Schwester, als ihr Pass ablief – denn noch waren die Mitglieder der Familie Mann nicht ausgebürgert, das Verfahren gegen sie war von der deutschen Bürokratie erst eingeleitet. Also fragte er zunächst den befreundeten englischen Schriftsteller Christopher Isherwood, ob er eine Scheinehe mit Erika eingehen wolle, um ihr auf diese Weise die britische Staatsangehörigkeit zu verschaffen. Der homosexuelle Isherwood lehnte mit Rücksicht auf seinen in Deutschland lebenden Freund ab, fragte jedoch einen Bekannten, den ebenfalls homosexuellen Dichter Wystan Auden. Dieser telegrafierte nach Amsterdam: «delighted».

Erika packt sofort ihre Koffer und fährt nach England. Von London aus nimmt sie den Zug nach Malvern, Audens Wohnort, steigt aber versehentlich statt in Great Malvern in Malvern Link aus. Sie tritt auf einen wartenden jungen Mann zu und sagt: «It is so kind of you to marry me.» Nachdem sie endlich doch noch den richtigen Bräutigam gefunden hat, geht Auden vor der Trauung allein aufs Standesamt, um einige Formulare auszufüllen. Hier passiert ein weiteres Malheur: Als der Standesbeamte Auden nach dem Nachnamen der Braut fragt, stockt dieser. Mann? Oder Gründgens? Auch das Alter der Braut ist ihm nicht bekannt. Der Beamte bleibt gelassen, die Angaben können ja nachgeliefert werden. Am 15. Juni 1935 findet die Trauung statt; gleich danach geht Wystan zur Schule, um weiter zu unterrichten; Erika eilt zurück nach London, um mit dem Theateragenten Rudolf Kommer über eine «Pfeffermühlen»-Tournee in Amerika zu verhandeln. Als ihr kurz darauf von den Nazis die deutsche Staatsbürgerschaft aberkannt wird, belustigt sie sich: Nur Hitler schaffe es, eine Britin aus Deutschland auszubürgern. Auch für die anderen Mitglieder der Familie Mann fanden sich Lösungen aus der Pass-Misere: Sie erhielten im Jahre 1937 tschechische Ausweise, freilich ein Privileg, um das sich viele unbekanntere Exilanten vergeblich bemühten.

Einstweilen blieb man jedoch in Europa, da der Frieden noch als gesichert galt. Erst im Jahre 1936 übersiedelten Erika und Klaus Mann, gefolgt von der «Pfeffermühle», in die Vereinigten Staaten. Schon 1934 allerdings musste die

Kabaretttruppe sich ein anderes Wirkungsfeld außerhalb der Schweiz suchen, da es hier – mit Rücksicht und aus Angst vor dem benachbarten Nazi-Deutschland – zu Störungen und Verboten von Aufführungen gekommen war.

Eine unrühmliche Rolle spielte hierbei die Familie Annemarie Schwarzenbachs. Deren Eltern war das enge Verhältnis der Tochter zu den Geschwistern Mann seit langem ein Dorn im Auge, und nicht zuletzt auf ihren Einfluss hin – sie sympathisierten mit den Nationalsozialisten – kam es bei Aufführungen der «Pfeffermühle» zu Rufen wie «Pfui» und «Juden raus». Es gab Gerüchte, wonach die Geschwister Mann entführt und nach Deutschland verschleppt werden sollten. Nach den Vorstellungen ließen Erika und Klaus daraufhin das Auto in Zürich stehen und fuhren mit dem Bus in ihr Domizil nach Küsnacht, wo ein Dorfpolizist auf sie wartete und ihnen dürftigen Geleitschutz bis vor die Haustür gab.

Nach den Tumulten waren einige Städte und Kantone schnell bei der Hand, unter dem Vorwand der Vermeidung von Unruhen Gastspiele des Kabaretts zu untersagen. Besonders die Gemeinde Davos tat sich unrühmlich hervor. Dort hatte man Thomas Mann nie verziehen, dass er durch seinen kritischen Roman «Der Zauberberg» das Ansehen des Kurortes angeblich geschädigt habe. Das Gemeindeschreiben an Erika Mann endet entsprechend nicht mit sachlichen Argumenten gegen die «Pfeffermühle», sondern mit dem Vorwurf: «Schließlich darf gesagt werden, daß Davos der Familie des Herrn Thomas Mann keine besondere Dankespflicht schuldet, da dessen ‹Zauberberg› durch die darin enthaltene Schilderung des Kurlebens zweifellos eine Schädigung des Kurortes zur Folge gehabt hat.» Mit dem Recht der freien Meinungsäußerung war es in der Schweiz damals so weit nicht her.

Erika Mann musste sich für ihre Truppe andere Gastländer suchen. Sie organisierte höchst erfolgreiche Tourneen in der

Tschechoslowakei, Luxemburg, Belgien und den Niederlanden. Klaus Mann vermerkt über den Auftritt der Schwester in Amsterdam stolz: «E[rika] gross in Form. Starke Wirkung der anti-nazi Nummern.» Hinter den Kulissen allerdings lief es nicht immer so harmonisch ab. Im zweiten Programm der «Pfeffermühle», das seit dem Januar 1934 gegeben wurde, waren kaum noch Texte von Klaus vertreten. Nicht, dass er keine Nummern mehr geliefert hätte, nein, vielmehr war Erika nach den teils peinlichen Entgleisungen im ersten Münchner Programm, so etwa dem sehr privaten «Telephon-Duett» des Bruders, etwas vorsichtiger geworden und stellte als künstlerische Leiterin des Unternehmens nun höhere Ansprüche. Darüber hinaus wagte sie es auch, harsch, ja herablassend Kritik an der Zeitschrift ihres Bruders, «Die Sammlung», zu üben. So schrieb sie am 16. Januar 1934 an ihn: «Um Gottes Willen, *von wem war die Novelle ‹Der Nagel›? [...] Eine ungewöhnlich schlechte Geschichte, lieber Klaus, miserabel erzählt, [...] zum Teufel, wie konntest Du sie aufnehmen [...]*»

Ähnlich hart äußert sie sich wenig später über einen Text des Bruders, seinen Nachruf auf den Schriftsteller Jakob Wassermann. Eine versöhnliche Rücknahme rettet da nicht viel: *«Sollte ich mich geirrt haben? Aber mir kam er so konventionell und ungefühlt vor, – pastoral dabei und, – kurz, – so kam er mir vor.»*

Nichts konnte den Bruder so sehr verletzen wie ein Verriss aus ihrem Munde. Nicht immer war Erika in diesen Jahren sensibel genug, Klaus, der über mangelnde Erfolge klagte, vorsichtiger zu behandeln. Auch als Kabarett-Prinzipalin griff sie beim Erteilen von Aufträgen selbstbewusst durch. Dem Textautor Klaus schreibt sie unter Anspielung auf sein «Telephon-Duett»: *«Lieblingsfavori, – ich hätt halt gern ein Gedicht aus Deiner Feder und zwar ein idealisiertes, modernisiertes, – verklärtes, weit schöneres, interessanteres, lyrischeres, eleganteres Telephongespräch. [...] Du sollst das Gedicht*

*furchtbar schnell machen und zwar muss es spätestens am 16.
in* Brünn *sein [...]»*

Und auf das Gedicht «Die Ahne», von Klaus Mann für die «Pfeffermühle» verfasst, antwortet die Schwester, es sei *«ein wenig indirekt und gar lyrisch, – ein Lesegedicht, – [...] Wie fürs Cabaret geschrieben mutet es nicht an [...]»*

Das Gedicht «Die Ahne» ist nicht überliefert. Es ist zu vermuten, dass Klaus es auf Erikas Kritik hin vernichtet hat.

So empfindlich reagiert er, dass er selbst bei kleinen Zwistigkeiten mit Erika am liebsten stürbe. Die Abhängigkeit von der Schwester war letztlich die große Tragik seines Lebens. Im Tagebuch vom 12. Mai 1934 grübelt er: «Beim Abendessen: kleiner Streit mit E[rika] [...] Sofort deprimiert dadurch. Ich verstehe R[icki]. immer besser. Die Geräusche und Farben dieses Mais erinnern mich zu sehr an den Mai vor zwei Jahren. Wer weiss, ob man den nächsten noch erlebt.»

Andererseits war das Thema der Todessehnsucht und des Selbstmordes für Klaus Mann in diesen Jahren bereits durchgängig literarisiert. Obwohl die Schwester allzu persönliche Kabarettexte kritisierte, scheute er sich nicht, Privates weiterhin in seine Songs einfließen zu lassen. Für das dritte Exil-Programm der «Pfeffermühle» schrieb er den Text «Brief», später betitelte er ihn «Selbstmord». Darin verwob er die eigene Todesnähe mit dem Gedenken an Ricki Hallgarten:

«Es war so gut von dir, daß du mir's selber
Geschrieben hast. Dein Bruder hinterließ
Kein Wort für mich. Ganz wortlos ging er fort.
War auch für dich nichts da? Gar keine Zeile?

Und ihr wart Geschwister. Aber keinen Namen
Trägt er für mich. Wie ich es möchte
Darf ich ihn doch nicht nennen. Also bleib ich still.
Ich habe keinen Namen, ihn zu rufen.

[…]
Das weiß ich schon. Ich hab's so oft gedacht,
Daß es mich müde macht, es noch zu denken.
Er hat das Dunkle fürchterlich geliebt.
Er liebte aber auch die hellen Dinge.

Das Helle war nicht hell, es war beschmutzt.
Da fand er, daß das Dunkle reiner wäre.
Er war erst sechsundzwanzig. War kein Weg
Aus diesem bittren Jungsein mehr für ihn zu finden?
[…]
Ich kann mir nächstens einmal Urlaub nehmen.
Dann komme ich zu dir. Wir wollen reden.
Nicht nur von ihm. Von allem. Das tut gut.
Sei brav inzwischen. Ich wills auch versuchen.»

Erika gehörte nicht nur in die Beziehung zu Ricki Hallgarten; auch in einer neuen, engen Freundschaft der Exiljahre gewinnt sie an Bedeutung – als Verbündete, wenn nicht sogar als Nebenbuhlerin. Klaus Manns engste Bindung außerhalb der geschwisterlichen bildete in den 30er Jahren die Freundschaft zum Amsterdamer Verleger Friedrich (Fritz) Landshoff. Dass Erika eine Zeit lang in Landshoff heftig verliebt war, empfand Klaus jedenfalls als Bedrohung, obgleich ihn die Schwester zu beruhigen suchte.

Klaus Manns Zeitschrift «Die Sammlung» erschien im Amsterdamer Querido Verlag, mitbegründet und -geleitet von Fritz Landshoff. Querido wurde neben Allert de Lange zum wichtigsten Publikationsort für deutsche Autoren im Exil: Heinrich Mann, Lion Feuchtwanger, Anna Seghers, Alfred Döblin oder Joseph Roth – um nur einige zu nennen – wurden hier verlegt. Auch Klaus Manns Zeitschrift war für das geistige Leben der Emigration von unschätzbarem Wert. Landshoff selbst erinnert sich an die gemeinsame Arbeit. 1930 hatten sie sich in Berlin durch den Verleger Kiepenheuer kennen gelernt, doch erst in Amsterdam entwickelte sich ihre Freundschaft, «die für mich der größte Gewinn des Exils war». Das Projekt der «Sammlung» stärkte die Bindung.

«Klaus war in den Wochen seit unserer ersten Unterhaltung nicht untätig geblieben. Es war ihm gelungen, André Gide, Aldous Huxley und Heinrich Mann als Protektoren der Zeitschrift zu gewinnen. [...] Ein schnelles Erscheinen der ‹Sammlung› erforderte die sofortige Übersiedlung Klaus Manns nach Holland und ein Quartier für uns beide. [...] Es war eine beachtliche Leistung, innerhalb weniger Monate die Gründung der Zeitschrift zu betreiben und genügend Material für die folgenden Hefte zusammenzubekommen, um tatsächlich den geplanten Termin für das Erscheinen der ersten Nummer, den 1. September 1933, und den monatlich wiederkehrenden Termin für die Abgabe der weiteren Nummern einhalten zu können.»

Es gibt keinen besseren Zeugen als Landshoff, um Klaus Manns Ernsthaftigkeit und Unermüdlichkeit, womit er seine Bücher und Artikel schrieb, zu würdigen:

«Von ungefähr neun Uhr morgens bis nach vier Uhr nachmittags war er ohne jede Unterbrechung an der Arbeit. [...] Die Tatsache, daß wir im gleichen Hause wohnten und fast jeden Tag vom Nachmittag bis zum späten Abend gemeinsam verbrachten, verwischte die Trennung unserer Aufgabengebiete. Meist las Klaus mir, was er geschrieben hatte, entweder am gleichen Tag oder im Laufe der Woche abends vor, so daß ich über seine Produktion in allen Einzelheiten orientiert war. [...] So kam es, daß Klaus ein unschätzbarer Berater für mich wurde.»

Klaus Manns Fähigkeit, Freundschaften einzugehen und zu pflegen, seine fast bedingungslose Treue, wenn er jemanden ins Herz geschlossen hatte, rühmt auch der Dichter Hermann Kesten, der Klaus in den 30er und 40er Jahren besonders nahe stand:

Klaus und Erika Mann, aus der Zeit der gemeinsamen Arbeit für die «Pfeffermühle».

Klaus schrieb 1936 in seinem Tagebuch: «Auch steht zwischen mir und dem dunklen Tal der Verheissung – immer noch, immer noch, immer – die Schwester.»

«Klaus Mann war auch mein Freund; etwa zwanzig Jahre lang trafen wir uns an vielen Orten und Ecken Europas und Amerikas. Er war ein beständiger Freund, ein charmanter Mensch, ein reizender Literat, immer angeregt, immer anregend, medisant ohne große Bosheit, weltläufig und amüsant, gesprächig und gescheit, intim und distanziert. [...] Er wußte mit Menschen aus allen Volksschichten umzugehen. Er vergab schnell Angriffe gegen Klaus Mann, selten Angriffe gegen die Humanität. Er war kokett und ernsthaft und so beredt wie die meisten Melancholiker. Der Umgang mit ihm war so amüsant – und ein wenig exzentrisch bei aller Vernünftigkeit – wie die Lektüre seiner Bücher.»

Außer für die Zeitschrift schrieb Klaus Mann auch weiter für die «Pfeffermühle». 1934 verliebte er sich in den Schauspieler Hans Sklenka. Erika Mann, die in Wien nach Nachwuchsdarstellern zur Erweiterung ihrer Truppe suchte, schrieb im April kokett an den Bruder: «[...] *nur der kleine Sklenka hatte mir gefallen und beinahe hätte ich ihn Dir engagiert, – für den Gymnasiasten [Titel einer Kabarettnummer]. Aber dann ging es nicht – er hätte sonst nichts machen können.»* Sklenka wusste sehr wohl auch anderes zu spielen, dies erkannte Erika Mann und engagierte ihn doch noch – nicht für den Bruder, sondern für ihr Kabarett. Als sie jedoch von Klaus' Schwäche für das «Kind» Sklenka – wie er ihn nannte – erfuhr, wies sie den Bruder besserwisserisch zurecht:

«Kläuschen – Heinrich, – Du bist doch ein ganz ein exaltierter Mensch, ein ganz ein exaltierter, [...] so bin ich natürlich bereit, es nach Kräften einzurichten, – wie ich überhaupt, Kuppelzwerg von Geburt, und Dir stets gern behilflich, alles tun will, um die kleine Wiener Sache in Ordnung zu bringen. Nun bedenke aber doch bitte: Du kennst doch wirklich das Geschöpf überhaupt nicht, – natürlich ist er ein Schlirf, – wie weit sein Charakter reicht, ob mehr ins üsise, oder ins Berechnende, wie weit er menscherkennbar ist und menschverwendlich, das weiss ich nicht, geschweige Du.»

Klaus Mann traf diese Einmischung der Schwester tief, auch wenn er wusste, dass sie Recht hatte. Im Tagebuch schreibt er: «Pfeffermühlen-Versammlung am Nebentisch; Skl[enka]. gesehen, nicht begrüsst. E[rika], auf der Rückfahrt, schimpft wieder auf ihn – was mich *sehr* deprimiert. Er ist doch der dürftige Strohhalm, an dem ich mich halten möchte, um nicht gänzlich abzustürzen. Das könnte sonst in diesem Winter geschehn.»

Das Trauma einer Unmöglichkeit der Liebe, wie im Roman «Treffpunkt im Unendlichen», verfolgte Klaus sprichwörtlich bis in den Schlaf. In den Traumsequenzen des Tagebuchs steht die Schwester zwischen ihm und dem begehrten Mann besitzergreifend nach beiden Seiten hin: «Viel und unruhig geträumt. Raimund Hofmannsthal, den ich verführen wollte, der aber plötzlich sehr fatal und gefährlich wurde. E[rika] irgendwie dazwischen.»

Dabei griff Erika, lebenskräftiger und in vielem realistischer, in diesen spannungsgeladenen Jahren ihrem Bruder beruflich unter die Arme. In einem Brief vom August 1934 bekniet sie den Vater geradezu, falls er den Samuel Fischer Verlag verlasse, möge er doch mit Rücksicht auf Klaus zu Fritz Landshoffs Querido Verlag in Amsterdam wechseln:

«‹Die Sammlung› dagegen, wie Du weißt, geht mäßig [...] Klausens Existenz bei Querido ist an sich nicht die Unbedrohteste. Ich glaube und Landshoff bestätigt mir das, – wenn Du heute dem Querido verloren und etwa zu Rascher gehst, – wird das alles ins Schlimme und Negative wenden und entscheiden. Das wäre nicht schön. Dieser Brief, lieber Z[auberer]., – ist mir peinlich, – ich fürchte auch, er ist nicht, was man ‹gut› nennt, [...] Nun braucht er ja aber nicht ‹gut› zu sein, – er muß nicht versuchen, Dich zu *überreden*. Was ich mit ihm möchte, ist bloß, diese Sache, deren relative Unwichtigkeit für Dich ich kenne, in ihrer Wichtigkeit für den K[laus] beleuchten und auch für den freundlichen Landshoff.»

Auch versuchte Erika, wie aus einem unveröffentlichten Brief hervorgeht, dem Bruder Vortrags-Engagements über Tschaikowsky und Viktor Frankl zu verschaffen, wobei sie tatkräftig, das hatte sie als Prinzipalin gelernt, die Honorarverhandlungen in die Hände nahm.

Das wohl interessanteste Zeugnis literarischen Werbens des Bruders um Erika ist in jenen Jahren das Kantatenfragment «Fluch und Segen». Es ist in Teilen ein werbender und zugleich schmerzvoller Gesang an die Schwester. Die Idee dazu hatte eigentlich Therese Giehse an Weihnachten 1934, das sie zusammen mit den Geschwistern feierte. Klaus griff die Anregung auf und schrieb in den nächsten Tagen, «ständig unter Heroin-Wirkung», an einem Oratorium. Das Werk blieb zwar unvollendet, bietet aber in Teilen – trotz des fragmentarisch-stammelnden Charakters – doch Einblick in Klaus' Psyche:

> «Und wenn du nicht mehr bist, dann bin ich
>   auch nicht mehr.
>   ….
> Wir haben uns in andrer Form gekannt,
> In andren Formen werden wir uns kennen.
> Mit andren Namen hat man uns genannt,
> Mit andren Namen werden wir uns nennen.
> ….
> Berühre ich dich auf dem andren Sterne.
> …..
>   so vergeht das Jahr
>   das schwesterliche Haar.
> …..
>   enthüllen
>   Bewährung ist,
> Die Satzung zu erfüllen.
> …..
> Wie im Spiegel erkenne ich

Mein eignes Gesicht –
Reiner kenne ich
Weiss ich es nicht.

......

– die du nicht hast –
und unser beider Leben
heimlich verdoppelte Last»

Nicht nur äußerlich gingen die Geschwister zunehmend getrennte Wege; auch innerlich bewegten sie sich voneinander
fort. Stetig wuchs Erika Manns Selbstbewusstsein aus der
Arbeit als Schriftstellerin, Journalistin, Kabarettistin und
Geschäftsführerin der «Pfeffermühle». Sie schien sich dadurch zu verjüngen, erst sie selbst zu werden, im Gegensatz
zum Bruder, der in jenen Jahren bereits einen körperlichen
Niedergang an sich selbst kalt diagnostizierte. Er konnte nur
noch unter Drogen schreiben, die ihn beflügelten und zugleich zerstörten. So vollendete er in diesen Jahren vor dem
Zweiten Weltkrieg seine bedeutendsten Romane, «Sympho-
nie Pathétique», «Mephisto» und «Der Vulkan».

Am 4. Februar 1935 vermerkt er bitter im Tagebuch:
«Alte Photos [...] von E[rika] und Pamela; E[rika] viel älter
als jetzt, bürgerlicher, fraulicher, kaum sie selbst – und sie
wars doch auch damals schon.» Und immer die Sorge, Erika,
in diesen Jahren beruflich weit erfolgreicher als er, könnte
sich überarbeiten: «E[rika] leistet zu viel.» Sprach daraus nur
Sorge, oder nicht auch ein wenig Neid? Auffallend ist jedenfalls, dass sich Klaus weiter Zukunftspläne mit der Schwester
zurechtlegte: «Genommen [Drogen], mit E[rika] (Th[erese
Giehse]. dabei); [...] Beratung z. B., wohin man bei Kriegsausbruch flieht: nach Ragusa.»

Bevor sich jedoch die Fluchtpläne konkretisierten, musste
Klaus freilich noch einige Enttäuschungen hinnehmen und
Schwierigkeiten meistern. «Die Sammlung» musste im Som-
mer 1935 wegen mangelnden Absatzes eingestellt werden;

auch Anfeindungen aus konservativen Exilantenkreisen trugen dazu bei. 1936 beendete er seinen Roman «Mephisto», ein Werk, das ihm als angeblicher Schlüsselroman – er hatte für die Figur des Opportunisten Hendrik Höfgen den Exschwager Gründgens zum Urbild genommen – große Kritik einbrachte, obgleich der Autor nachdrücklich den Unterschied zwischen der Abbildung einer bestimmten Person und der Wiedergabe eines Typus betonte. In seiner Antwort gab er sich differenziert: «Nein, Mephisto ist nicht dieser oder jener. In ihm fließen vielerlei ‹Züge› zusammen – – –.» Auch begann er in diesem Jahr mit seinem Opus magnum, dem «Vulkan», einem der bedeutendsten Romane der deutschen Exilliteratur.

Der Vater, bis dahin mit Rücksicht auf seinen Verleger mit politischen Äußerungen gegen das Hitler-Regime zurückhaltend, sagte sich in diesem Jahr unter dem massiven Druck seiner beiden ältesten Kinder öffentlich von dem Regime in Deutschland los und verlor damit seinen größten Leserkreis. Vorangegangen war dem eine Affäre, an deren Klärung nicht zuletzt die Geschwister entscheidenden Anteil hatten: Thomas Manns Verleger Gottfried Bermann Fischer hatte einen Teil des Samuel Fischer Verlages in Wien neu angesiedelt. Der Redakteur Leopold Schwarzschild beschuldigte daraufhin den Verleger, einen getarnten Exilverlag mit Einverständnis des Reichspropagandaministers Goebbels zu gründen. Daraufhin bat Bermann Fischer drei seiner bekanntesten Autoren – Thomas Mann, Hermann Hesse und Annette Kolb –, eine Ehrenrettung für ihn zu veröffentlichen. Tatsächlich erschien am 18. Januar 1936 in der «Neuen Zürcher Zeitung» eine von den drei genannten Schriftstellern unterschriebene Erklärung. Viele Exilautoren aus dem eher linken Lager zeigten sich entsetzt, verärgert und verraten.

Klaus Mann notierte tags darauf resigniert in seinem Tagebuch: «Telephon mit E[rika] – Biel. Lese ihr die Scheisse aus der ‹N.Z.Z.› vor ... Sie will Zauberer [Thomas Mann] schreiben.»

Tatsächlich schrieb Erika, nicht Klaus, einen Brief von bisher nicht dagewesener Schärfe an den Vater – und drohte darin sogar mit dem persönlichen Bruch, wobei sie Thomas Mann auch noch einen nachtragenden Seitenhieb im Zusammenhang mit dessen ängstlichem Ausscheiden aus dem Autorenkreis der «Sammlung» Klaus Manns versetzte:

«Immerhin möchte ich Dir erklären, warum Deine Handlungsweise mir dermaßen traurig und schrecklich vorkommt, daß es mir schwierig scheint, Dir in näherer Zukunft überhaupt unter die Augen zu treten. [...] Er [Bermann Fischer] bringt es nun zum zweiten Male fertig (das erste Mal anläßlich des ‹Eröffnungsheftes› der ‹Sammlung›), daß Du der gesamten Emigration und ihren Bemühungen in den Rücken fällst, – ich kanns nicht anders sagen. [...] Deine Beziehung zu Doktor Bermann und seinem Haus ist unverwüstlich, – Du scheinst bereit, ihr alle Opfer zu bringen. Falls es ein Opfer für Dich bedeutet, daß ich Dir, mählich, aber sicher, abhanden komme, –: leg es zu dem übrigen. Für mich ist es traurig und schrecklich.»

Etwas später, und erst animiert durch Erikas Brief, sandte Klaus seinerseits ein Schreiben an den Vater, allerdings wesentlich verhaltener. Schließlich glätteten sich die Wogen nach Thomas Manns offenem Brief vom 3. Februar, worin er sich deutlich zur Emigrantenliteratur bekannte und die zivilisationsfeindliche Politik der Nationalsozialisten verdammte.

Nicht zuletzt unter dem Druck wachsender Anfeindungen in Europa wuchs der Plan der Geschwister, nach Amerika zu gehen. Klaus notiert: «Getröstet durch den plötzlich gefassten Entschluss, dass ich im Frühling [1936] mit E[rika] nach Amerika will. – In diesem Sinne, nach Tisch, ihr und F[ritz Landshoff]. ausführlich geschrieben.»

Als Erikas «Pfeffermühle» zuletzt auch noch in Amster-

dam unter dem diplomatischen Druck Deutschlands verboten wurde und die Prinzipalin Verhandlungen mit einem
amerikanischen Theateragenten über eine Weiterführung
der «Peppermill» in New York erfolgreich geführt hatte, hielt
die Geschwister nichts mehr: Im September 1936 schifften
sie sich nach Amerika ein. Noch sollten sie in den nächsten
Jahren bis zum Kriegsausbruch immer wieder auf den alten
Kontinent zu Vorträgen zurückkehren, aber die Vereinigten
Staaten wurden nun zum neuen Wirkungsfeld. Es war ein
Neubeginn, aber unter verschlechterten Bedingungen.

«Escape to Life»

Beginn des amerikanischen Exils.
1936–1939

Die amerikanische Premiere der «Peppermill» im Januar
1937 geriet zum Fiasko. Die Übersetzungen der Texte waren
ungeschickt, das Publikum nicht an ein Kabarett europäischen Zuschnitts gewöhnt, die politische Sensibilisierung in
einer Gesellschaft, die gegenüber Europa noch weitgehend
im «Isolationism» verharrte, wenig entwickelt. Selbst eine
flankierende Empfehlung Thomas Manns im Programmheft
konnte daran nichts ändern. Klaus Mann versuchte noch,
die Scherben zusammenzufügen, indem er in der deutschsprachigen «Neuen Volkszeitung» aus New York einen
Artikel «Was will die Pfeffermühle?» veröffentlichte – allein,
es nützte nichts mehr. Nach dem Abschied von Erika –
er reist nach Europa zurück – notiert er: «E[rika]s Tränen … Unendliches Gefühl von Mitleid, Zärtlichkeit, und
der unabänderlichen Gebundenheit meines Lebens an das
ihre [...] grossen konfessionellen Brief an E[rika] angefangen.»

Erika grämte sich nicht sehr lange über den Misserfolg. Sie
begriff ihr Kabarett nur als Episode im Kampf für die Wahrheit und gegen die Nazi-Barbarei. So ließ sie ihre Kontakte
spielen und arbeitete ein «lecture»-Programm aus. Als Red-
nerin über Deutschland und die dortigen Verhältnisse tin-
gelte sie die nächsten Jahre kreuz und quer durch den amerikanischen Kontinent und sprach in immer besserem
Englisch vor women-clubs, Studentenverbindungen, schön-
geistigen Zirkeln, Volkshochschulen. Ihr erster und in der
Öffentlichkeit wohl wirksamster Auftritt fand am 15. März
1937 im New Yorker Madison Square Garden statt. Hier

durfte sie bei der «Peace and Democracy Rally», organisiert vom American Jewish Congress, neben dem Oberbürgermeister von New York, Gewerkschaftsführern und engen Mitarbeitern des amerikanischen Präsidenten vor 23 000 Menschen über «Die Frau im Dritten Reich» referieren. Das Taxi, das sie vom Hotel abholen sollte, hatte sie versetzt, und so eilte sie auf eigene Faust zur Veranstaltung und boxte sich, ihr Manuskript in Händen, durch die Menschenmasse zum Rednerpodium durch. Zerzaust und erschöpft kam sie an und redete dann doch wie ein Profi: entspannt, rhetorisch geschickt, die Massen mitreißend.

Ihrer Ausstrahlung, ihrem Charisma erlagen einige Verehrer. Einer davon war der reiche Bankier Maurice Wertheim, ein Umstand, den sie nur allzu leicht für das Projekt der «Peppermill» finanziell hätte ausnutzen können (zumindest wurde dies insgeheim von einigen ihrer Freunde erwartet). Doch gehorchte Erika Mann in solchen Dingen nur ihrem Gefühl und löste bald die ihrerseits doch halbherzige Verbindung mit dem Bankier. Dass daraufhin gerade der Bruder Erika harte Vorwürfe machte, muß irritieren, da doch Klaus hätte froh sein müssen, keinen Nebenbuhler an seiner Seite zu haben. Im Tagebuch schreibt er: «Sehr aufregender Brief von E[rika], aus dem Astor-Hotel: ihr Bruch (definitiv?) mit Maurice W[ertheim]., auf Druck von Th[erese Giehse]. und M. G. [Martin Gumpert] Sehr ausser mir darüber. Ihr geschrieben.» Dieser Brief Klaus Manns an die Schwester ist leider nicht erhalten, wohl aber Erikas Antwort vom 22. Februar, die ein anderes Licht auf die Angelegenheit wirft und den Bruder in fataler Weise mit einbezieht:

« [...] *man muss aussprechen, dass es sich bei alledem dann doch letztlich um einen kindischen älteren Banquier handelt, – und auch ich könnte nicht viel ratloser sein, wenn ich Stutz-Uhr,* wie *Spiegelkommode unterm Christbaum hätte vorfinden dürfen. [...] auch sonst lebt viel Klatsch (besonders über uns, – die Amerikaner, 20 Jahre zurück in allem, – beginnen über unse-*

rer effektvollen alten Incest-Sage zu brüten, – graben in ihren Gesprächen sogar Wälsungenblut zu diesem Behufe wieder aus und Maurice [Wertheim] musste mich sehr ernsthaft und besorgt über alles ausfragen [...])»

Das Inzestgerücht hielt sich im puritanischen Amerika hartnäckig. Selbst die Eltern blieben nicht von sensationslüsternem Geschwätz verschont, wie Klaus – amüsiert und erzürnt zugleich – berichtet: «Mieleins [Katia Manns] groteskes Erlebnis mit den deutschen Juden im Hotel [in New York]. Ihr Schimpfen gegen Z[auberer]. und Familie. E[rika] sei ‹ein Mann›; ich – ‹eine Frau›. Ein Irrtum.»

Das FBI beobachtete ab 1941 die gesamte Familie Mann und legte – wie schon zuvor der deutsche Geheimdienst – Dossiers an. Für die Geschwister wurde eine Telefon- und Postüberwachung angeordnet. Erika Mann, so die Akten, sei bereits vor 1933 «aktiver Agent der Komintern in Berlin» gewesen. Sie sei, wie auch ihr Bruder Klaus, «sexuell pervers», auch habe Thomas Mann hierüber ein Buch geschrieben, nämlich «Unrube und fruches Leid» [sic!].

Noch 1943, Klaus diente inzwischen in der amerikanischen Armee, musste er sich einer peinlichen Befragung unterziehen: «Dieser *Military Intelligence-Beauftragte*, der neulich mit mir sprach, stellt mir wirklich die sonderbarsten Fragen. Ist es wahr, daß ich je behauptet habe (in einer Unterhaltung mit einer Dame ‹back East›), daß es keine Lasterhaftigkeit gibt, die ich mir nicht zur Gewohnheit gemacht hätte? Eine starke Übertreibung ... Wirre und lächerliche Gerüchte über Dinge, die ich angeblich über E[rika] schrieb. Ich deutete an, daß diese albernen Erfindungen wohl etwas mit dem guten alten ‹Wälsungenblut› zu tun haben könnten. (Oder spielten irgendwelche verzerrten und entstellten Erinnerungen an ‹Anja und Esther› herein?)»

Obgleich Klaus Mann es vielleicht nicht wollte: Für die Verehrer seiner Schwester wurde er immer wieder zum Hindernis. Er stand zwischen ihnen und Erika, so wie sie zwischen ihm und dem Tod. Führten in der Affäre mit Maurice Wertheim nicht zuletzt sehr beschränkte bürgerliche Moralvorstellungen und die Gerüchteküche zu einem Ende der Beziehung, so in einer anderen Liebesgeschichte Erikas der Bruder als leibhaftige Person. Nach der Episode mit Wertheim verband Erika Mann eine innige Liebe mit dem Arzt und Dichter Martin Gumpert – der ihr wohl nicht ganz uneigennützig zu einer Trennung von Wertheim geraten hatte. In ihm suchte sie, wie sie selbst gestand, einen «fröhlichen, bejahenden, arbeitsfreudigen, kräftigen, durchweg zuversichtlichen Menschen», gerade weil die stete Sorge um den todesnahen Bruder ihr viel Kraft raubte. Auch Martin Gumpert muss das Dazwischenstehen Klaus Manns empfunden haben, Gefühle, die er nicht immer verbergen konnte. So notiert Klaus über ein gemeinsames Abendessen: «E[rika] dazu. Mit ihr und Gumpert, Dinner im hübschen ‹Hapsburg›. Gumpert – eifersüchtig – sagt, ich sei E[rika]'s ‹böser Geist› und ‹Dämon›, weil ich ihr zu ‹grossen Partien› rate.» Ja, Gumpert drohte in seiner Eifersucht wenig später sogar, sich zu erschießen.

Anstatt sich einer Auseinandersetzung zu stellen, mangelt es Klaus an Selbstbewusstsein. Er sucht die Schuld bei sich: «E[rika], fast immer mit G[umpert]. Spannungen. Vielleicht liegt es an mir. Es *geht* irgendwie nicht.» Doch ob Wertheim oder Gumpert, Therese Giehse oder Klaus Mann, sie alle schrieben Erika fast übernatürliche Anziehungskraft zu. Klaus analysiert es im Tagebuch: «Riess am Telephon darüber, wie irrsinnig Gumpert E[rika]. liebt. Das Phänomen: mit welcher *Unbedingtheit* alle die sich für sie entscheiden, die ihr überhaupt näher kommen. Es muss mit der Unbedingtheit ihres eigenen Charakters, mit der Stärke, Klarheit, Entschlossenheit ihres eigenen Wesens zusammenhängen –: eine Entschlossenheit, eine Stärke, die aber doch, ohne Frage, *gegen* so viele Anfechtungen ... erzwungen, *ertrotzt* werden muss.»

Erika scheint, ungeachtet der Leiden, die sie mit ihrem etwas sorglosen Verhalten zufügte, mit ihren Verehrern vor Dritten kokettiert zu haben. Dies auch und gerade vor dem sehr verletzlichen Bruder. Sie schreibt ihm: «*Ich war zweimal verreist [...]. Ein neuer Lover, 62jährig, gab das Geld schliesslich her, – jetzt hab ich ihn am Bein, es ist ein Kreuz sowohl als auch ein Ungemach. [...] Bist Du BRAV? Himmel und Hölle!*» Die Anspielung «Bist Du brav?» verweist auf einen tragischen Umstand jener Jahre: Klaus Manns zunehmende Drogenabhängigkeit, die ihn schließlich körperlich immer mehr ruinierte. Dennoch schrieb er in diesen Jahren seine besten und bedeutendsten Bücher. Nein, er war nicht «brav»; zu mächtig war die Verführung durch den Rausch, die Sehnsucht nach dem Tod. Er selbst weiß es, wenn er schreibt: «Ich konnte nicht schlafen (trotz etwas Phanodorm.) Jäh mit Angstzuständen aufgewacht. [...] Nein, ich KANN, ich *darf* nicht lange leben. Ich bin ZU mächtig angezogen von der anderen Seite – das muss seinen Sinn haben. Aber natürlich soll ich, erst noch, etwas Schönes, Rührendes schreiben. – Auch steht zwischen mir und dem dunklen Tal der Verheissung – immer noch, immer noch, immer – die Schwester.»

Hier spricht einer, der seine «Pflicht», seine «Hausaufgabe» gegenüber der Schwester noch nicht eingelöst hat, der ihr noch etwas schuldig bleibt, der vor der Wunscherfüllung erst noch «etwas Schönes, Rührendes» zu schreiben hat. Diese Pflichterfüllung hat viel mit einem Buhlen um Liebe zu tun, mit einem Verdienen der schwesterlichen Zuneigung. Die Angst vor dem Nicht-geliebt-Werden steigert sich bei Klaus Mann ins Allgemeine, Überhöhte: «Begreife so klar wie vorher mein Schicksal – dass ich NIE geliebt werden KANN, wo ich lieben MUSS, und dass ich deshalb den Tod will als die Erlösung.»

Wenige Wochen nach diesem Tagebucheintrag unterzog er sich während einer Europareise im Mai/Juni 1937 einer Entgiftungskur in einer Budapester Klinik. In seinem Krankenzimmer, das einer Gefängniszelle glich, begann er unter Schmerzen mit Notizen zu «etwas Schönem, Rührendem», der Novelle «Vergittertes Fenster» über den Tod des bayerischen Königs Ludwig II. Auch diese Erzählung ist eine verdeckte Werbung des Autors um Erika. Wie Klaus in jenen Wochen ist auch der bayerische König gefangen. Auf Schloss Berg wartet Ludwig darauf, dass man ihn wegen angeblicher geistiger Umnachtung des Thrones enthebt, und ruft in einem inneren Monolog Kaiserin Elisabeth von Österreich litaneiartig zu: «Elisabeth, die Einzige, die Meinesgleichen; meine Schwester in der Würde, meine Schwester im Schmerz. [...] Meine Hohe Schwester [...] Ich liebte Elisabeth – von allen Frauen nur Dich, Elisabeth, nur Dich, meine schöne, untröstbar schwermütige, mir innig nahe verwandte Freundin! [...] Auch Dich verloren, meine Elisabeth. Dich nie besessen, und Dich doch eingebüßt. [...] Wann sehen wir uns wieder, meine süße Schwester?»

Die Szene, als die Kaiserin, die im Äußeren wie im Wesen der eigenen Schwester Erika nachgebildet ist, nach Ludwigs Tod im See an die Bahre des Königs eilt, gehört zu den ergreifendsten Stellen im Werk Klaus Manns. An seinem eigenen Sarg sollte zwölf Jahre später keine Schwester stehen.

Erikas Briefe an den Bruder in der Ausnüchterungszelle klingen verzweifelt heiter. Sie war wohl von der Situation überfordert. Immerhin half sie ihm, die Qualen in der Budapester Klinik mit gemeinsamen Ferien in Sils Baselgia in der Schweiz zu vergessen. Noch einmal waren Erika und Klaus vereint. Therese Giehse, Annemarie Schwarzenbach und Klaus' neuer Geliebter, der amerikanische Journalist Thomas Curtiss, waren mit von der Partie. Es waren glückliche Sommerwochen, die letzten dieser Art.

Klaus war nicht lange «clean». Erika musste hilflos zusehen, wie er bald wieder zu Drogen griff. Er litt darunter, ihr wehzutun, und empfand sein Tun als Verrat. Erst wenn die

Schwester gestorben wäre, so belegen Traumnotate, könne er die «Pflicht» verletzen und seinem eigenen Todeswunsch nachkommen: «Sehr heftig geträumt, dass E[rika] sich bei der Ankunft in Europa durch *Schläfen* und Herz geschossen, und dass ich nun auch sterben dürfe.»

Auch nach einem tatsächlich unternommenen Selbstmordversuch denkt er mit schlechtem Gewissen an Erika: «ins Hotel zurück, um mir das Leben zu nehmen. Tout à fait au bout [völlig am Ende]. Die finsterste Stunde wo man nicht mehr weiterleben KANN. Weinkrampf. Auf dem Fensterbrett. Der Gedanke an E[rika]. und die Vorstellung, ich könnte mir nur ein Bein brechen. Die wohlfeile Rettung durch eine Spritze. [...] (dieses aufgeschrieben, 6 Uhr morgens, sehr nüchtern, [...])»

Diese Zeilen stammen vom Oktober 1937. Die Hoffnung des Sommers, dieses Atemholen in der Schweiz, war bereits wieder vergangen. Das Jahr endete auch in anderer Hinsicht sinnfällig. Das Weihnachtsfest, bisher selbst im Exil nach strengem Familienritus abgehalten, feierte Klaus ohne Eltern und Geschwister in Hollywood:

«auf zwei dieser Studio-Monstre-Christmas-parties [...] Dann Whiskies hier in der Bar. Ziemlich besoffen; schrecklich deprimiert. Welch ein Weihnachtsabend! (Der erste in meinem Leben ohne E[rika] ...)» Erika tröstete brieflich etwas hilflos: «*Eben Dein Melancholisches [Schreiben] erhalten, – ja, wir* sollen *eben sowas nicht zulassen.*»

Klaus Mann war die psychoanalytische Betrachtung des eigenen Seelenzustandes nicht fremd. Er, der zeitlebens rücksichtslos gegen sich und die Reaktionen der Umwelt sein Innerstes sezierend nach außen trug, es gleichsam zum Gegenstand von Literatur machte, kannte sehr wohl die Defekte und Mechanismen seiner Psyche, auch im Verhältnis zur Schwester Erika. So hebt die allererste Notiz des Tagebuches von 1938 mit dem Zitat der ersten Verse aus einem Liebesgedicht Goethes an Frau von Stein an:

«Warum gabst du uns die tiefen Blicke,
Unsre Zukunft ahndungsvoll zu schaun,
Unsrer Liebe, unserm Erdenglücke
Wähnend selig nimmer hinzutraun?»

Klaus Mann ergänzt dazu: «Mein Lieblingsgedicht von
Goethe. [...] Immer im Zusammenhang mit E[rika] empfunden»:

«Nur uns armen liebevollen beiden
Ist das wechselseit'ge Glück versagt,
Uns zu lieben, ohn' uns zu verstehen,
In dem andern sehn, was er nie war,
[...]
Sag', was will das Schicksal uns bereiten?
Sag', wie band es uns so rein genau?
Ach, du warst in abgelebten Zeiten
Meine Schwester oder meine Frau;
[...]
Und von allem dem schwebt ein Erinnern
Nur noch um das ungewisse Herz,
Fühlt die alte Wahrheit ewig gleich im Innern,
Und der neue Zustand wird ihm Schmerz.»

Wie Goethe schmerzte Klaus Mann die Erfahrung der Ver-
gänglichkeit der Dinge und Gefühle, das *Erkennen* des geliebten Menschen *nach* dem Vergehen der *Vorstellungen* und
Ideen vom anderen. Diese Erkenntnis, das alte biblische Bild-
nisverbot, das «Ethos des Nichtbesitzens», das Klaus Mann
schon im Roman «Treffpunkt im Unendlichen» formuliert,
entspringt natürlich der narzisstischen Weigerung, den geliebten Menschen als Individuum zu sehen. So muss jeder
Versuch der liebenden Inbesitznahme am eigenen Ich scheitern, umgekehrt jedes Erkennen des anderen als Wunde
empfunden werden. Im Jahre 1938 galt die geliebte Schwes-

ter Erika für Klaus Mann – anders als in der Münchner und Tölzer Kindheit – nicht mehr als Erfüllung in der gespiegelten Harmonie, sondern als Wunde, fast als Missklang in der Erkenntnis beider Verschiedenartigkeit.

Seine Lektüre von Sigmund Freuds «Totem und Tabu» und anderer psychoanalytischer Schriften erhellte Klaus Mann in jenen Jahren die eigene Seelenlage. Im Prolog zu seinem Lebensbericht «Der Wendepunkt» schreibt er an hervorgehobener Stelle: «Die atavistischen Tabus und inzestuösen Impulse früher Generationen bleiben in uns lebendig; die tiefste Schicht unseres Wesens büßt für die Schuld der Ahnen; unsere Herzen tragen die Last vergessenen Kummers und vergangener Qual.» Doch bringt ihn diese Erkenntnis nicht voran. Im Tagebuch notiert er im April 1938: «Binswanger. Unterhaltung über Familie. Tante Carla u.s.w. Selbstmord-Komplex und Drogue. Tod und Mutter-Trieb. Die Rolle E[rika]'s als Mutter-Ersatz. Es hilft mir auch nicht recht weiter ...»

Unter den harten Bedingungen des Verlagsgeschäftes im Exil fanden die Geschwister wieder als Autorenteam zusammen. Im Laufe eines halben Jahres entstand – unter erschwerten Voraussetzungen, denn Klaus Mann war in Amerika, während sich Erika in Küsnacht in der Schweiz um die Auflösung des elterlichen Haushalts kümmerte – der groß angelegte Band «Escape to Life», ein feuilletonistisches Who's who der deutschen und österreichischen Emigration. Mit dem Buch verfolgten die Geschwister das gleiche Ziel wie mit ihren zahlreichen Vorträgen auf ihren «lecture-tours»: die amerikanische Öffentlichkeit, die sich gerne in einer Art transatlantischem «Isolationism» wiegte, aufzurütteln, sie aufzuklären über die wahren Gefahren des Nationalsozialismus und sie zu informieren über das «andere», bessere Deutschland, das Deutschland der geistigen Emigration, das Deutschland des Humanismus und der Aufklärung. Von Vorteil war für Erika und Klaus, dass sie schon vom

Elternhaus her viele der Porträtierten persönlich kannten. Es ist heute nicht genau zu trennen, welche Kapitel von wem stammen, so ähnlich sind sich in diesem Buch die Geschwister in ihrer Diktion. Allerdings ist zu vermuten, dass Erika Mann die Kapitel des Bruders redaktionell überarbeitete. Zumindest gab sie, wie uns Briefe und Tagebücher verraten, in der Arbeitsphase den Ton an.

Ihr Selbstbewusstsein zu jener Zeit war, trotz Auflösung der «Peppermill», wieder erheblich gestiegen. Als Vortragsreisende feierte sie in beiden Kontinenten große Erfolge, größere jedenfalls als Klaus, der sich aus finanziellen Gründen im selben Metier versuchte, die Zuhörer allerdings – das wissen wir aus selbstkritischen Tagebucheinträgen – nicht so mitriss. Mit brieflichen Äußerungen wie «*Bin erfolgreich. Du auch?*» reizte Erika den Bruder in jener Zeit des Öfteren – ob bewusst oder nicht, sei dahingestellt. Was «Escape to Life» anbelangt, machte sie immer wieder brieflich Druck. Im April fragt sie an: «*Ach, Du Mistrabe, Du Stinkfisch, Du unbeherrschter Lausekamm! Bin neugierig, was d' gschrieben hast! Wie sollen wir, – auf der andern Seite, – jemals fertig werden? Ich schrieb nichts und konnte auch nichts schreiben, denn es war schlichthin zu viel zu tun [...]*»

Das Buch kam beinahe termingerecht im April 1939 auf den Markt und hatte einigen Absatz – einer der wenigen Verkaufserfolge, die Erika und Klaus Mann überhaupt zu Lebzeiten verbuchen konnten. Indessen wurden Erika Manns sonstige Verpflichtungen immer umfangreicher. Es ist ihrem Elan, ihrer Verve zu verdanken, dass sie diese Überlast an Arbeit bewältigen konnte. Der saloppe, freundliche Ton ihrer Briefe, die Niederschrift von «Escape to Life» betreffend, täuscht nur allzu leicht über die terminliche Zerrissenheit hinweg. Am 21. August etwa sendet sie Klaus ihre letzten Typoskripte zu dem Buch:

«Meine Wolf-Arndt [Neckname für Klaus Mann], – da ist der Dreck und zwar: 1.) Interview mit uns. 2.) Bildnis des Va-

ters. 3.) Aus dem Tagebuch eines deutschen Rindviehs in Do-
nau-Eschingen.

Nummer eins wiederholt sich gelegentlich in den Bekenntnis-
sen des Herrn Bruders (in denen alles Feinere ohnedies gesagt
ist, sodass für Schwesti die Misitäten noch zu sagen blieben).»

Zudem wurde die Arbeit noch durch eine gemeinschaft-
liche Reise unterbrochen. Im Gegensatz zu der «Rundherum»-Fahrt hatte sie jedoch einen sehr ernsten Hintergrund. Im Juni und Juli 1938 besuchten die Geschwister als
Berichterstatter die republikanischen Linien im spanischen
Bürgerkrieg (unter anderem Madrid, Barcelona und Valen-
cia). Von dort schrieben sie, teils wieder in Zusammenarbeit,
Reportagen für Zeitungen in Paris, Basel und Moskau, um
die Weltöffentlichkeit im Kampf gegen den Faschismus
wachzurütteln. In Spanien begegnete Erika dem Komman-
danten Hans Kahle, in den sie sich verliebte. Ob es dem Bruder recht war, darf bezweifelt werden.

Klaus Mann fühlte sich bei den Gemeinschaftsprojekten
zunehmend von der Schwester an den Rand gedrückt. Am
8. Dezember 1938 beispielsweise hielten die Geschwister unter dem Eindruck der Novemberpogrome – der so genannten
«Reichskristallnacht» – in der Oper von San Francisco einen
Vortrag zum Thema: «To fight or not to fight». Erika, auf der
Höhe ihres Selbstbewusstseins, in ihrem politischen Denken
durch das Spanien-Erlebnis geschärft, gelang es, die Menschen rhetorisch und argumentativ mitzureißen. Sie strahlte
Charisma und Unerschrockenheit aus. Klaus dagegen sprach
eher zurückhaltend, gedämpft. Der Funke sprang bei seinen
lectures oft nicht so recht auf die Zuhörer über. Entsprechend verrät sein Tagebuch an jenem Abend ein ungutes, fast
neidisches Gefühl:

«Abends: die grosse Veranstaltung im *Opera House*. [...]
E[rika] und ich; ich nicht sehr in Form, auch geniert durch
den falschen Titel – ‹To fight or not to fight› –; E[rika]
gut.»

126

In einem Streit, der sich im Herbst des Jahres 1939 in Emigrantenkreisen an dem Nichtangriffspakt Hitlers und Stalins entzündete, zeigte sich für Klaus Mann wieder einmal die Überlegenheit der Schwester, politische Fragen pragmatisch einzuschätzen. Eine New Yorker Zeitschrift hatte verschiedene Personen des öffentlichen Lebens, unter anderem Klaus Mann, um eine Stellungnahme zu dem Pakt gebeten. Damals, im September 1939, wusste die Weltöffentlichkeit allerdings noch nichts von dem geheimen Zusatzprotokoll über die Aufteilung Osteuropas und des Baltikums zwischen Hitlerdeutschland und der Sowjetunion. Klaus Mann, in politischen Dingen immer eher Utopist denn pragmatischer Realist, schrieb, zu diesem Zeitpunkt könne er weder mit Ja oder Nein antworten, die Frage sei zu komplex: «Übrigens bleibt alles sehr unentschieden, fließend und geheimnisvoll; niemand kennt noch die eigentlichen Hintergründe und Absichten des Paktes.» Damit hatte er ungewollt eine Lawine ausgelöst. In Leopold Schwarzschilds Journal «Neues Tage-Buch» wurde er sofort als Sowjetagent diffamiert, ihm jegliche geistige wie politische Reife abgesprochen. Erika Mann reagierte prompt: Sie forderte den Bruder telegraphisch auf, eine Gegenerklärung an die Adresse Schwarzschilds zu schicken. So weit wäre ihr Eingreifen nachvollziehbar und einsichtig gewesen. Doch bevormundete sie den Bruder, indem sie ihm verbot, die Erklärung abzusenden, ohne dass sie selbst sie gelesen und nach Bedarf korrigiert hätte. So geschah es auch; doch weigerte sich Leopold Schwarzschild, die Gegenerklärung «Ich bin kein Agent der Sowjetunion» zu drucken. Sie wurde erst im Januar 1940 in der «Neuen Volkszeitung New York» veröffentlicht.

Zu ähnlichen Bevormundungen durch die Schwester kommt es bei der Arbeit am nächsten gemeinsamen Buch, «The Other Germany», das 1940 erscheint. Auch hierin verfolgten sie das Ziel, die amerikanische Öffentlichkeit über das «andere», bessere Deutschland aufzuklären. Dies war umso nötiger, als seit Erscheinen von «Escape to Life» sich die ablehnende Haltung vieler Amerikaner zur deutschen Emigration durch den Ausbruch des Krieges verschärft hatte. Bei der Konzeption des Buches kommt es zu Spannungen. Erika möchte möglichst viele Anekdoten und persönliche Erinnerungen einbauen, Klaus dagegen will es eher wissenschaftlich, grundsätzlicher, tiefsinniger. Sie aber setzt sich in ihren Direktiven durch. *«More power to your pen»*, telegraphiert sie ihm und Klaus vertraut bitter dem Tagebuch an: «Gearbeitet, am ‹historischen› Kapitel aus dem ‹Two Germanys›-Buch; aber ohne viel Freude und Zutaten. Wird wohl nicht alles wieder umzustossen sein. Schliesslich soll das Buch ja vor allem *E*[rika]*'s* bewährten Stil haben; nicht meinen. (Bitterlich vermerkt.)»

Der Abstand zur Schwester vergrößerte sich nach der Ankunft der Eltern in Amerika. Im Sommer 1939 hatte sich Erika, neben zahlreichen anderen Verpflichtungen und Aufgaben, in Küsnacht um die Auflösung des dortigen Haushaltes gekümmert. Ganz «nebenbei» schrieb sie noch an dem gemeinsamen Buch «The Other Germany» und verfasste darüber hinaus noch ein eigenes: «The Lights go Down». Am 19. September betrat sie zusammen mit den Eltern amerikanischen Boden. Am Hafen erwartete sie Martin Gumpert mit zärtlichen Versen:

«[…]
Schon knirscht der Stahl an Pfählen und an Planken,
Die Taue fallen und verwinden sich,
Die Anker greifen in den Schlamm des Grundes
Und Brücken strecken ihre Arme aus.
Und wie ein Ausbruch aus Gefangenschaft
Quillt schon die Menge über alle Stege,
Ich aber halte meinen Atem an –
Denn da stehst Du.»

Für Klaus Mann wurde es nun doppelt schwer, engen Kontakt zur Schwester zu halten. Nicht von ungefähr war «The Other Germany» das letzte gemeinsame Buch der Geschwister. Auch erwies sich nach der Rückkunft Erikas aus Europa die räumliche Nähe als eine scheinbare: Die Schwester pendelte in den folgenden Jahren erneut unstet als Vortragsreisende zwischen Kalifornien und New York umher. Dennoch hatte Klaus die Abwesenheit der Schwester im Sommer 1939 genutzt, ein weiteres Gemeinschaftsprojekt anzukurbeln. Allerdings war seinem Engagement kein Erfolg beschieden. Er war nach Hollywood gefahren und hatte Verhandlungen über eine Verfilmung von Erikas Buch «School for Barbarians» (dt. unter dem Titel «Zehn Millionen Kinder») geführt. Der Band schildert, noch heute beeindruckend, die Infiltration der deutschen Jugend durch die ideologische Erziehung in der Schule, den Verlust der Kindheit in einem totalitären System. Erika hatte Klaus für seine Verhandlungen in Hollywood fast bevormundende Weisungen mit auf den Weg gegeben:

«Fahr *nach* California; – *so weit, dass man sagen könnte, es wäre* sehr *weit, ist California wieder* nicht! [...] *Auch* mach *doch* gleich in ‹School› *[for Barbarians] mit. Dabei* muss *irgendwas rausblinzeln! Vergiss nicht, wenn Du an unserem* Buche *[‹The Other Germany›] arbeitest, möglichst viel* neues *und* genaues Material *mit möglichst viel persönlicher und fiktiver Schnurre zu verbrämen!* Nicht zu viele Betrachtungen anstellen!»

Daneben finden sich in Erika Manns Briefen dieses Jahres wieder und wieder Warnungen vor den Drogen. Zwar scheint Klaus nach seiner Entziehungskur in Budapest mehrere Jahre lang keine Opiate zu sich genommen zu haben, doch wurde er in jenen Jahren tablettenabhängig. Tragisch klingt es jedenfalls, wenn der Bruder in einem Brief der Schwester, die *«Bin erfolgreich»* meldete, entgegenhält: *«Bin exceedingly busy – nicht ohne Heiterchen-Hilfe. [...] Eine grause*

Seuche.» Der Schwester blieb in jenen Jahren nur ein wiederholtes und ungehörtes: «*FRISS doch nicht so viele PILLEN. [...] Genuch!*»

So waren 1939 die Weichen für die nächsten Jahre im Leben von Klaus Mann gestellt, auch im Hinblick auf seine Beziehung zur Schwester, die ihm immer mehr entglitt. Bitter, fremd, ablehnend und zudem eifersüchtig wirkt ein Eintrag an Weihnachten 1939: «E[rika], bemüht; aber völlig abgelenkt durch eigene Aktivität, eigenen Ehrgeiz, und die Bedrängnis anderer Menschen, die sich penetranter manifestiert als die meine. Mielein –: Zauberer + kleine Sorgen. (Ach, aber ich will nicht undankbar sein ....)»

Mit dem Angriff auf Polen am 1. September hatten deutsche Truppen den Zweiten Weltkrieg entfesselt. Wenige Wochen später hatten Deutschland und die Sowjetunion Polen und das Baltikum als Beute unter sich aufgeteilt.

«Laß uns doch nur den Krieg aus dem Spiele halten!»

An allen Fronten.
1940–1945

Den Kriegsausbruch erlebte Erika in Schweden, wohin sie geflogen war, um den Eltern – Thomas Mann war auf Vortragsreise – beizustehen. Die Kriegsläufte brachten die Geschwister nun auf meist getrennte Wege. Erika war vielfältig tätig: weiterhin als Vortragsreisende, aber auch als Berichterstatterin und Autorin. Klaus empfand den Verlust mit einer Mischung aus Selbstmitleid und Eifersucht. Die Anlässe sind oft geringfügig, nicht so geringfügig allerdings, dass er sie nicht pedantisch und verletzt im Tagebuch notierte. Als etwa irgendjemand die Autorschaft von «Anja und Esther» irrtümlich Erika zuschreibt, ist er sich aus gekränktem Ehrgefühl nicht zu schade, darauf brieflich zu antworten. Bei der Erinnerung an dieses frühe Theaterstück findet er für sich eine mythologische Stilisierung, die in erstaunlich präziser Selbsterkenntnis das Grundproblem seines Lebens und Schaffens umreißt.

Es ist das Motiv des unglücklich in sein Werk verliebten Bildhauers Pygmalion. «E[rika], abgelenkt durch ihre Erfolge, Reisen, Aktivitäten, und die Bindung an G[umpert]», notiert er im Tagebuch. «– Wie lang ist Anja und Esther her; wie ist sie gewachsen. Mir nie entfremdet; aber doch sich schrittweis entfernend. – – – – Oft meine ich, Pygmalion zu sein. Was wäre sie ohne mich? – Was bin ich ohne sie?» Der Künstler Pygmalion hatte – so der Mythos – nach *seinem* Bild die Skulptur einer Frau erschaffen und sich unsterblich in sie verliebt. Die Götter erbarmten sich seiner und hauchten dem Kunstwerk Leben ein. Damit gestand Klaus Mann sich selbst ein, dass sein Werk – sofern man es als Werben um Erika verstehen will – gescheitert war. Zwar hat er sie, wie im antiken Mythos, erschaffen («Was wäre sie ohne mich?»), doch sein Werk entzieht sich ihm («Was bin ich ohne sie?»). Ohne das Zutun der Götter hat Klaus Manns Kunstwerk, sein Bild von der Schwester, bereits Leben, doch lebt es nicht auf den Schöpfer *hin* wie im Mythos, sondern bewegt sich eigenständig und autark von ihm *fort*, «sich schrittweis entfernend».

Vielsagend bewegt sich auch das Tagebuch fort. Wieder verweist Klaus Mann auf einen Spiegel im literarischen Erbe: «Was wäre sie ohne mich? – Was bin ich ohne sie? – – – – – ‹Wie lange noch, dann fassen – wir weder Gram noch Joch –: Du kannst mich doch nicht lassen, du weisst es doch – – – – Die Nächte, die wir weinten – Ihr Immer und ihr Nie –, die Tage, die uns einten: Vergisst du die?› Nichts vergessen.» Das Zitat, welches er direkt auf sich und Erika münzt, stammt aus einem Gedicht des von ihm hassgeliebten deutschen Lyrikers Gottfried Benn (der sich 1933 in seinem Essay «Züchtung» dem Rassismusgedanken der Nazis angenähert hatte). In Benns Gedicht lautet es weiter:

«Wenn du bei Sommerende
durch diese Landschaft gehst,
die Felder, das Gelände
und schon im Dämmer stehst,
ist es nicht doch die Leere,
das Dunkel, das du fliehst,
ist es nicht doch das Schwere,
wenn du mich garnicht siehst?

Die Falten und der Kummer
auf meinen Zügen tief,
das ist doch auch der Schlummer,
den hier das Leben schlief,

die eingeglühten Zeichen,
die Male dort und hier
sind doch aus *unseren* Reichen,
die litten *wir*.»

Das Zitat beschwört Klaus Manns Vorwurf an die Schwester, sie fliehe vor ihm, dem «Dunklen», der Kummer und Schmerz kennt. Letztlich seien es aber nur Zeichen, Kainsmale *desselben* Schattenreiches, aus dem beide stammten, eine Flucht sei also sinnlos. Sein Kummer ist nicht gespielt: «(Gefühl der Vereinsamung wachsend. Alles entweicht... [...] Ach, und welch *tödliche* Beängstigung, wenn ich zuweilen zu spüren meine, wie sogar E[rika] – – – –)»

Die Schwester entweicht ihm zusehends, gerade in jenem Frühling 1940 in New York. Aber er verlangt auch zu viel von ihr, zu der immer alle mit ihren Sorgen kommen. Daneben arbeitet sie viel: In diesem Jahr erscheint ihr Buch «The Lights go Down», das der Bruder liest und als «rührend» beurteilt. Doch auch Klaus ist literarisch nicht untätig, wenngleich erfolgloser als seine Schwester. Im Sommer 1939, kurz vor Kriegsausbruch, war in Amsterdam sein großer Emigrantenroman «Der Vulkan» erschienen. Es ist sein wohl bester und bedeutendster Roman. Das Buch schildert in einer Vielzahl paralleler, zum Teil miteinander verknüpfter Handlungsstränge das Schicksal von Emigranten in Amsterdam, Paris, Prag, Zürich und Amerika; auch Szenen aus dem spanischen Bürgerkrieg sind eingeflochten. In der schonungslosen Offenheit der Schilderung von Verzweiflung, gescheiterter Hoffnung, Selbstmord, Sichaufbäumen und offenem Kampf gegen den Nationalsozialismus steht der Roman gleichbedeutend neben Lion Feuchtwangers «Exil» (1940) und Anna Seghers' «Transit» (1944).

Im August 1940 beendet Klaus Mann unter großem Kraftaufwand, trotz Depressionen und Drogensucht die Arbeit an den literarischen Porträts «Distinguished Visitors» –

ein Buch, das ihn umso mehr Energie kostet, als er es in englischer Sprache schreibt. «Soll ich das *Einzige* verlieren, was ich je besessen habe –: meine *Sprache*?», hatte er während der Arbeit angstvoll im Tagebuch notiert. Ihm blieb keine Wahl. Die Anforderungen des Marktes waren zwingend; auch wollte er sich offen von der missbrauchten Sprache der Nationalsozialisten abgrenzen.

Das Buch stellt in einer Reihe biographischer Porträts Persönlichkeiten aus Literatur, Kunst und Musik vor, die die Neue Welt im 18. und 19. Jahrhundert und bis in die 20er Jahre des 20. Jahrhunderts hinein besucht oder aber über sie (in Traumreisen) geschrieben haben. Der Band sollte der amerikanischen Öffentlichkeit die wechselseitigen Einflüsse zwischen Europa und Amerika vor Augen halten, Einflüsse, die nicht immer positiv waren. So verdammte Klaus Mann die chauvinistische Wildwest-Romantik von Hitlers Lieblingsautor Karl May – und dessen Lob des Übermenschen.

Erika Mann drückte ihm für sein neues Buch die Daumen: *«Aus Herzensgrund will ich hoffen, dass die distinguished ones zum* Klappen *kamen.»* Es klappte leider nicht. Das Buch blieb unveröffentlicht und wurde erst ein halbes Jahrhundert später, im Jahre 1991, in deutscher Rückübersetzung ediert. Auch konnte der Autor der Schwester das Manuskript nicht vorlegen. Sie war am Tag der Fertigstellung mit dem Flugzeug nach Lissabon abgereist, von dort aus wollte sie nach London weiterfliegen, wo sie für die BBC arbeiten sollte. Klaus Manns Tagebuch zeigt ihn an diesem Tag verzweifelt: «Schließlich, ihre Abreise. Wie ich sie […] zum Flugplatz brachte. […] Ihr Abschiedsbrief. Heute soll sie in Lissabon sein. Von dort nach *London*: – – – – (Ich kann die Gefühle nicht zusammenfassen, die mir das Herz verwirren. Angst – Neid – Stolz – Traurigkeit – das Gefühl, *zurück zu bleiben*. – – –)»

Die Eintragung verhehlt nicht einen Anflug von Missgunst. In einem Vortrag mit dem Titel «Black out» beschwerte sich

Klaus sogar öffentlich: «*For*, we [die Geschwister] see each other but seldom. (It's not *my* fault: *she* rushes around like mad...)»

Beim Zwischenstopp in Lissabon erlaubt Erika Mann sich einen waghalsigen Scherz: Sie betritt die Dépendance der deutschen Gestapo und gibt sich – breit sächselnd – als Frau eines in Lissabon weilenden deutschen Geschäftsmannes aus, der es langweilig ist. Während sie so mit den Unterführern plaudert und den Wunsch äußert, zur nächsten Würstchenparty der Deutschen eingeladen zu werden, studiert sie unauffällig die Aushänge und Plakate an den Wänden, woraus sie wenige Tage später einen Artikel für eine amerikanische Zeitung bastelt.

Erikas Aufgabe bei der BBC in London war es, als Autorin und Sprecherin Propagandasendungen gegen die Nazis zu gestalten, die nach Deutschland ausgestrahlt wurden. Der britische Informationsminister Duff Cooper, ein Bewunderer Erika Manns, hatte ihr den Posten verschafft. Von hier aus fädelte sie auch Thomas Manns Reden «Deutsche Hörer!» ein, die der Vater von 1940 bis 1945 halten durfte. Die Reaktionen der Nazis auf Erika Manns Reden im Äther waren wütend und verrieten gerade dadurch deren Schlagkraft. Im «Völkischen Beobachter» stand zu lesen: «Ist Mister Duff Cooper also schon bis zur Erika Mann hinabgestiegen? Besser als alle erlogenen Albernheiten, die er täglich über die Antennen jagt, spricht die Wahl dieser politischen Gebrauchsdirne aus dem Hause Mann. Denn nur dort, wo das Salz dumm geworden ist, wo sich die Geistlosigkeit mit dem Unrat der Gosse vermählt, da erscheint dieses Paradestück [...]»

Die Arbeit bei der BBC befriedigte Erika allerdings auf Dauer nicht: «*Wichtig* und *wirklich* nützlich kann ich nicht sein, weder dort noch hier, so daß ich mir kaum zu überlegen brauche, wo ich mehr ausrichten könnte, dort, oder hier. [...] Es ist mein *Beruf*, im Winter zu schwatzen und im Sommer das zu Beschwatzende für die zu Beschwatzenden mitanzusehen.» Unterdessen wurde sie wieder als Trostspenderin gebraucht. Am 17. September 1940 wurde das Passagierschiff «City of Benares» im Nordatlantik von einem deutschen Torpedoboot versenkt. An Bord waren unter anderem Monika Mann und ihr Gatte Jenö Lányi. Letzterer ertrank, Monika konnte gerettet werden und wurde in ein schottisches Hospital eingeliefert. Erika eilte von London nach Norden, um der unter Schock stehenden Schwester beizustehen und mit ihr zusammen einige Wochen später nach New York überzusetzen. In ihrem Kinderbuch «A Gang of Ten», 1942 entstanden, setzte Erika den 73 bei der Katastrophe umgekommenen Kindern indirekt ein Denkmal: Das Buch handelt von den Abenteuern von zehn Kindern aus unterschiedlichen Nationen, aus einer «New World School» in Kalifornien, die einer Bande von Verbrechern das Handwerk legen.

Zurück in den Vereinigten Staaten, flammten die Missverständnisse zwischen Erika und Klaus erneut auf. Erika arbeitete nun für das amerikanische «Office of War Information» (OWI). Gerade an unterschiedlichen politischen Positionen – Klaus vertrat einen eher utopischen Idealismus – entzündeten sich die Meinungsverschiedenheiten: «Grosse Diskussionen», notiert Klaus. «Eine halbe Nacht, sehr gereizt, mit E[rika], Liesl [Frank], Gumpert. Über das Kommunisten-Problem [offensichtlich über Stalins Verhältnis zu Hitlers Nationalsozialismus]. E[rika] – G. radikaler gegen sie als Liesl und ich. Alles ziemlich scharf und unfruchtbar. Ich, au fond, der gleichen Ansicht mit E[rika] – nur mit stärkerem Bewusstsein für die moralisch-politische *Komplexheit* der Situation; weniger militant-emotionell.»

Den Ruf der Militanten, Unnachgiebigen, Unversöhnlichen hatte Erika Mann in weiten Kreisen der Emigration. Dass sie aber sensibel auf andere eingehen konnte, zeigt ein sehr inniger Brief an Klaus vom 19. August 1940, ein Brief, der freilich in seiner Offenheit dem Bruder und sich selbst gegenüber in der Korrespondenz jener Jahre eher eine Ausnahme bildet: «*Zürne mir aber nicht, ich bitt'; – Du realizest, dass es zu den ganz wenigen Dingen gehört, die ich ganz einfach nicht vertrage, wenn Du mir zürnst. [...]. Dies ist ein Müdes und Ungereimtes, aber sehr und äußerst Inniges. [...] Leb wohl, mein Lieber und Liebster. [...] Nur, weil ich mich noch nicht von Dir trennen mag, kritzle ich weiter. [...] Sei brav, – schau nicht nach den Mohnplantagen hin, – und bitt fürs bucklig Männlein mit.*»

Klaus Mann erkennt angesichts solcher Versöhnlichkeit seine Übersensibilität, er reißt eine Seite aus dem Tagebuch von 1940, worin er sich über Erika zornig ausgelassen hat, und ergeht sich daraufhin in schuldbeladener Selbstzerfleischung: «Wie falsch war sicherlich, was ich neulich im Schmerz hier hingeschrieben habe! Ich bin undankbar. Das tägliche Geschenk ihrer Treue. In den Stunden der Bitterkeit werden die Augen mir blind.»

Grund zur Dankbarkeit hatte er auch in diesen Jahren. Als er sich 1940 mit dem Plan der Herausgabe einer literarischen Zeitschrift mit dem Titel «Decision. A Review of Free Culture» trägt – das zweite Projekt dieser Art nach der «Sammlung» von 1933/35 – und das alte Geldproblem ansteht, greift Erika kurzerhand zur Feder. Gemäß ihrem alten Leitspruch «Wer nicht telegraphiert, kriegt nichts» schreibt sie an Agnes Meyer, eine betuchte Verehrerin des Vaters. Thomas Mann, so Erika, wolle in Pacific Palisades in Kalifornien ein Haus bauen. Man benötige nun 15 000 Dollars, 12 000 für das Haus, 3000 für eine Zeitschrift des Bruders. Frau Meyer hätte zwar gerne gezahlt, aber Thomas Mann wehrte die Finanzkuppelei der Tochter empört ab. Die Zeitschrift «Decision», die dann doch ein Jahr später, im Januar 1941, ins Leben gerufen wurde und sich wieder als Plattform des europäischen Exils aller künstlerischen und literarischen Richtungen verstand, existierte nicht lange. Nach nur einem Jahrgang musste sie im Februar 1942 eingestellt werden, die Zahl der

Abonnenten reichte nicht aus. Das Fiasko ließ Klaus Mann deprimiert und völlig verschuldet zurück. Die Tagebücher jener Zeit berichten davon, wie er, nur noch wenige Cents in der Tasche, im brütenden Sommer durch die Straßen Manhattans streift, auf der Suche nach Bekannten, die ihn zum Essen einladen könnten. Zumindest zwei bedeutende literarische Früchte tragen jene Sommer 1941/1942: Er schreibt, mitten in der City von New York und doch abgeschieden von der Welt, im «Käfig» seines Zimmers im Hotel Bedford, seine zweite Autobiographie unter dem Titel «The Turning Point», die nach seinem Tod auch in einer von ihm autorisierten und erweiterten deutschen Fassung mit dem Namen «Der Wendepunkt» erscheinen wird. Es ist einer der bedeutendsten Lebensberichte des 20. Jahrhunderts, weniger als Autobiographie denn als Zeitbild, das Klaus Mann mit seinen Darstellungen von Persönlichkeiten und Ereignissen zeichnet. Außerdem schreibt er 1942 in englischer Sprache «André Gide und die Krise des modernen Denkens». Dieses Buch, die bis dahin ausführlichste Monographie zu Leben und Werk des französischen Dichters, den Klaus Mann 1925 kennen gelernt hatte und den er zeitlebens als geistigen Übervater stilisierte und verehrte, erschien sechs Jahre später in einer vom Autor selbst besorgten deutschen Übersetzung. Der Nobelpreis für Literatur, 1947 an Gide verliehen, war zugleich eine Genugtuung für Klaus Mann, der das Werk des Franzosen all die Jahre hindurch in Deutschland und Amerika zu verbreiten suchte.

Seine mäßigen Erfolge als Autor und Herausgeber, die Abgeschiedenheit von Freunden und Familie, nicht zuletzt die Entfernung von der stets geschäftigen und in der Welt umherreisenden Schwester machten die Einsamkeit für Klaus Mann unerträglich. Der Freund Christopher Lazare behauptet, Klaus habe in jenen Monaten eremitischen Daseins im Hotel Bedford in New York an die zwanzig Selbstmordversuche unternommen. Die unveröffentlichten Briefe jener Zeit zeugen von zunehmendem Zwist und Missverständnissen zwischen Erika und Klaus. Nicht immer gelingt es ihr, mit dem übersensiblen Bruder vorsichtig genug umzugehen. Am 20. März 1941 etwa schreibt sie ihm über seine neue Zeitschrift: «*Decision hat mich erst in California erreicht. Doch, knusprig ist es schon, – wiewohl mir manches nicht so ganz eingehen wollte.*» Und nachdem sie einige abgedruckte Texte kritisiert hat: «*Und so offenherzig bin ich nur, weil ich so gerne moechte, dass Du gewissen persoenlichen Vorlieben nicht zu sehr die Zuegel schiessen liessest und zwar der Vorliebe fuer objektive Diskussion auf dem Schlachtfeld einerseits und der fuer Allzupersoenliches andererseits. Mag aber wohl sein, dass ich mich total im Irrtum befinde [...].*»

Es kommt zu Zerwürfnissen, und Erika entschuldigt sich brieflich etwas hilflos: «*Nun sitz ich hier und graeme mich, – fahre vielmehr fort, mich zu graemen, denn ich tat es lange schon, – weil ich Dir doch hochwahrscheinlich ein so Garstiges hingelegt habe, neulich, dass Du mir spinnefeind bist und* daher auch *so wortkarg.*»

Klaus antwortet eine Zeit lang auf ihre Briefe nicht, trägt ihr offensichtlich ihre Einmischungen nach. Sie jedenfalls ist es nun, die, wie sonst der Bruder, die gemeinsame Kindersprache erinnernd hervorhebt: «*sei mir nicht* gram. *Ich bin, wie sehr Du es auch bezweifeln magst und wie sehr Unholde und Unholdes mir zu widersprechen scheinen, immer und im*mer *die* Deine».

Noch einen Monat später schreibt sie ihm: «*Lass mich hoffen, dass kein* Gräuchen *aus den Missverständnissen, die zwischen uns vorlagen, in deinem Innenleben zurückblieb und dass Du* weisst, *WIE durchaus zugehörig ich mich Dir, wie venture'n fühle.*»

Die Sorge um Klaus war sicher nicht gespielt. Erika kannte nur zu genau dessen labilen psychischen Zustand. In diesem Jahr, in dem er wieder und wieder den Versuch unternimmt, sich umzubringen, und die Gerüchte davon bis zu ihr vordringen, geht sie in einem Brief auf sein Manuskript «Distinguished Visitors» ein, worin einige Selbstmörder porträtiert werden, um dem Bruder wieder einmal ein moralisches Verbot des Suizids auszusprechen: «*[Ernst] Toller durfte nicht, – seiend, was er war und wofuer man ihn nahm. [...] Wolfgang [Hellmert] und Ricki [Hallgarten] haetten auch nicht gesollt. Aber unsereinem ist es untersagt.*»

Zu den psychischen Zerrüttungen Klaus Manns traten 1942 auch noch körperliche hinzu: Er hatte sich eine Syphilis-Infektion zugezogen und Martin Gumpert, Erikas Freund, als Arzt um Rat gefragt. Am 8. Juni schreibt er verzweifelt im Tagebuch: «Es wäre schwierig, wenn nicht unmöglich, die emotionalen Höhen und Tiefen – die Anfälle von Verzweiflung, relativer Zuversicht und Apathie zu beschreiben, die ich seit dem Tag durchgemacht habe, an dem Gumpert mir meine Krankheit mitteilte. Mehrere Nächte sehr nah am Selbstmord. Es scheint töricht, daß ich es letztlich nicht fertigbrachte. Ausschließlich der Gedanke an E[rika] und Mielein [Katia Mann] hielt mich davon ab. Und doch, ich verletze sie vielleicht mehr, wenn ich am Leben bleibe, als ich es vielleicht durch mein Sterben getan hätte .... [...] Gumpert, nett und vertraut. Die Behandlung. Die *qualvollen* Schmerzen nach der ersten Salvarsan-Injektion, vor vier Tagen.»

Die Liebe zu Erika, die Angst, ihr wehzutun, hielt ihn am Leben. Andererseits greift der alte Schuldmechanismus: Er ist «nicht brav» gewesen, wie es Erika in ihren Briefen immer scherzhaft und ernst zugleich ausdrückt. Diese Krankheit verletzt die bürgerlichen Normen und gesellschaftlichen Tabus. Entsprechend hilflos und in ihrer Hilflosigkeit abweisend war Erikas Reaktion. Klaus, der sich in New York allein und elend fühlte, wollte nach Pacific Palisades kommen, um dort, umsorgt und umhegt von Mutter und Schwester, zu gesunden und sich zu erholen. Doch erhielt er von Erika eine abschlägige Antwort: «E[rika] schreibt mir, umständlich, so nett wie möglich, daß mein Besuch in Kalifornien ‹unter diesen Umständen› nicht ratsam scheint ..... Ich weiß nicht, was ich tun soll. Kein Ort, an den ich gehen könnte. Nichts, auf das ich mich freuen könnte. Black-out.»

Der bürgerliche Wertekanon, das Denken von Reinheit und Ordentlichkeit, greift jedoch auch bei Klaus Mann. Anstatt Wut auf Erika zu verspüren, empfindet er Schuld ihr gegenüber. Ein Traum veranschaulicht dies: «*Geträumt, daß E[rika]* sich bei mir angesteckt hat, oder besser gesagt, hartnäckig glaubt, es getan zu haben, weil sie einen harmlosen Pickel am Kinn hat. Weigerte sich, einen Wassermann zu machen und erzählt allen, daß sie sich S[yphilis]. zugezogen hat. Zuerst nahm sie es nicht sehr ernst, aber dann bekam sie Angst, dank Eleanor Clark [...], die ihr gräßliche Dinge über diese spezielle Infektion erzählt hat. Man sollte so etwas nicht träumen.»

Nicht dass er selbst sterben könnte, ist die schlimmste Befürchtung, sondern dass er Schuld tragen könnte am Tod der Schwester, oder allgemeiner, an ihrem Unglück. Auch die politische Lage drängte sich mehr und mehr zwischen die Geschwister. Immer wieder werden unterschiedliche politische Positionen sehr persönlich genommen, und es kommt zu Verstimmungen. Besonders Klaus nahm sich dies allzu sehr zu Herzen und konnte zwischen Meinungsverschiedenheit und ernstem Zerwürfnis nicht recht unterscheiden. Erika versuchte, brieflich einzulenken, ihre Zeilen verraten Bestürzung:

«*Hasst Du mich? Aber ich habe nichts getan! Lass uns doch nur den Krieg aus dem Spiele halten, solange wir nichts koennen, als uns seinetwegen gegenseitig bekriegen. Du glaubst, in eine wueste Militaristenhoehle geraten zu sein, in der besonders ich schon lange nicht mehr weiss what we are fighting for; ich wiederum glaube, dass, stuenden alle so wie Du und Deine Freunde, whatever we are fighting for unwiederbringlich verloren waere. Ueber derlei kann und soll man nicht streiten und soll, wo im uebrigen freundliche Beziehungen herrschen, den Krieg Krieg sein lassen.»*

Dennoch, die Streitereien brachen beim nächsten Wiedersehen erneut aus, bei Klaus immer wieder gefolgt von Selbstanklagen, Schuldbekenntnissen und Selbstmordgedanken: «Überflüssige und schmerzliche Auseinandersetzungen mit [...] E[rika] (die etwa 10 Tage hier war.) Von Selbstmordgedanken verfolgt. Alle Einzelheiten für die düstere Zeremonie vorbereitet. Was hat mich dann im allerletzten Augenblick davon abgehalten?»

Klaus verbat sich in der Folge ein Dreinreden in seine Lebensangelegenheiten, solange dies nicht über reines Mitleid hinausgehe, ihm aber nicht wirklich unter die Arme gegriffen werde. Die Schwester lenkte fünf Wochen später ein:

«Der Zahn der Zeit, aber, der schon so viele Tränen getrocknet, muss schliesslich auch über diese Wunden Gras wachsen lassen und nur weil ich, zum ersten mal, seit es uns gibt, ganz einfach den Ton nicht im Ohr hatte, der brieflich anzuschlagen gewesen wäre, gab es keinen Brief (nicht etwa aus Zorneswut!) [...] schon bin ich wieder versucht, den Zettel zu vernichten, weil ich zu deutlich gesagt bekommen, dass Dir an keiner ‹Beteiligtheit› gelegen, solange sie weiter zu nichts nütze ist. [...] Dich aber mag ich durchaus und spielst Du in all meinen Gebeten die beste Geige [...]»

Der Brief macht deutlich: Zu sehr war Erika Mann auf einen schnellen Friedensschluss bedacht, als dass sie nach den tieferen Gründen von Klaus' Reaktion forschte. Gräben wurden mit Liebe zugedeckt, die Ursachen heiter-komisch überspielt.

All das trieb ihn schließlich zu dem Entschluss, einen Einberufungsantrag an die US-Army zu stellen: «Wollen Sie bitte zur Kenntnis nehmen, daß ich bereit, ja begierig bin, der amerikanischen Armee beizutreten.» Er, der überzeugte Demokrat und Pazifist, wollte gegen den Nationalsozialismus kämpfen. Dies hätte er auch mit seinen Büchern tun können; doch was ihm in jenen Jahren fehlte, war der Anschluss an Menschen, war die Gemeinschaft. Er wollte aus der Rolle des Außenseiters fliehen, des Außenseiters in der eigenen Familie, des Außenseiters innerhalb der Emigrantenliteratur (man denke nur an die wiederholten Anwürfe, er sei ein Agent der Sowjetunion!), des Außenseiters aufgrund seiner homosexuellen Neigungen: «Ein Außenseiter zu sein, ist eine einzige unerträgliche Demütigung.»

Nach mehreren Versuchen, von der Musterungskommission der US-Army angenommen zu werden (es scheiterte wohl einerseits an der Syphilis-Infektion – sie musste erst auskuriert werden –, andererseits an der Überwachung des «Sowjet-Agenten» Klaus Mann durch das FBI), bekam er endlich die Zusage. Am 4. Januar 1943 wurde er einberufen, musste aber bis zum 24. Dezember in Übungslagern in Amerika verbringen. Immer noch war er formell tschechischer Staatsbürger – wiewohl durch Hitlers Einmarsch im März 1939 die Tschechoslowakei als Staat zerschlagen worden war.

Klaus Manns Lage in der Armee war keine glückliche. Er wollte ja nicht nur gegen den Nationalsozialismus kämpfen, sondern auch aus seiner Rolle des Außenseiters fliehen. Gerade in der Armee wurde er jedoch wieder ein solcher. Als «Intellektueller», als «Professor» hämisch gebrandmarkt, fand er, der nicht zur Offiziersriege gehörte, bei den einfachen Kameraden kaum Anschluss, jedenfalls keine geistige Ansprache. Da Homosexuellen der Zutritt zur Army verwehrt war, musste er seine geschlechtlichen Neigungen verbergen, was ihm angesichts der vielen gut aussehenden jungen Männer wohl nicht immer leicht fiel. Die Freundin aus Jugendtagen Lotte Walter bat er jedenfalls, ihm ein Foto für seine Stube zu schicken, «ein recht verführerisches, mit nackten Schultern, schwülem Blick und allem». Endlich, im September 1943, erhielt er den ersehnten amerikanischen Pass.

Seine Empfindlichkeit in diesen Monaten untätigen War-
tens in einem Militärcamp nimmt zu, er neigt zu Selbstmitleid und klagt: «Schreibe viele Briefe, aber erhalte wenige.
(Habe immer dieses Gefühl, vergessen zu sein, von allen
verraten ....) [...] Alle meine Gedanken sind mit Schmerz
beladen wie Sprengladungen mit Dynamit. An T[homas
Curtiss]. oder an J.[ein Geliebter Klaus Manns], oder sogar
an E[rika] zu denken (die so weit weg, so tief verwickelt in
ihre eigene Dramatik) – an irgendein Wesen zu denken, das
ich liebe, oder an irgendeine Sache, die wirklich wesentlich
für mich ist, bedeutet Schmerz, Qual.»

Und bei Erika muss er mit Bitterkeit erkennen, dass beider
Lebensformen sich auseinander bewegt haben: «Merkwürdig, ich habe es nie für möglich gehalten, daß wir je so absolut verschiedene Leben führen würden – so sehr getrennt
voneinander ....» Damit meint er nicht nur die *räumliche*
Trennung, sondern vielmehr die Erkenntnis des *inneren* Aus-
einanderlebens. Der Künstler Pygmalion muss sein Scheitern
im Leben wie in der Literatur erkennen: «E[rika] – ‹much
stranger than fiction› –» Die Schwester lässt sich eben nicht
im literarischen Abbild deuten und erschöpfen. Dennoch
sucht sie weiterhin seine Nähe. Am 21. Oktober kabelt sie
ihm ins Camp: «*Need I tell you how desirous I am to meet you?
I probably need to.*» Und ein paar Tage darauf: «*Man muesste
sich* sprechen*! Sprechen muesste man sich!*»

Anfang 1944 wurde Klaus Manns Einheit endlich nach
Marokko verlegt. Ein paar Wochen vor der Einschiffung traf
er doch noch für wenige Stunden mit den Eltern und Erika
in Kansas City zusammen. Es war das letzte Treffen auf beinahe zwei Jahre, und sie wussten nicht, ob sie sich überhaupt
je wieder sehen würden. Im Tagebuch notiert er über den
Abschied: «Bringe E[rika] zum Bahnhof; sie setzt ihre Reise
fort (nach St. Louis.) Wir hatten keine Zeit, um auch nur die
Hälfte der anstehenden Dinge zu besprechen. Als ihr Zug
sich bereits in Bewegung setzt, sage ich; ‹Na, vielleicht sehe

Klaus Mann als Soldat der US-Army, Italien 1944, bei der Abfassung von Flugblättern und Berichten.

Aus einem von Klaus Mann entworfenen Flugblatt, das über deutschen Fronttruppen abgeworfen wurde: «Aber wenn der Führer so an seinem Leben hängt – warum solltest du deines sinnlos aufs Spiel setzen? Um deiner selbst und deiner Lieben willen! Um des deutschen Wiederaufbaus willen! Bleib übrig!»

145

ich dich *auf der anderen Seite* wieder …› Ungewollt zweideutig.»

Erika zeigte seit Klaus' Einberufung «Beteiligtheit», um bei seiner Diktion zu bleiben, ohne dass ihm dies weiter nützlich gewesen wäre. Sie verfasst eine ganze Verhaltensliste für den Soldaten: « *[…] 6.) Pass auf, mit dem* Schiessgewehr, *stich Dich nicht mit dem Bajonett ins Bein, fall nicht vom Reck!* Ärgere *Dich nicht und bedenke, dass man, wenn man* müde *ist, nicht* immer alles ganz *im wahren Lichte sieht! […] Ich werde des hadernden Gespräches, – das* hoffentlich *der Nachbar […] nicht verstanden hat! Es kamen so viel* hässliche *Worte, – such as Morphium, etc. vor – – – ich, also, werde des hadernden keiner Maus gegenüber Erwähnung tun.»*

Von Sizilien aus nahm Klaus Mann am Italienfeldzug teil und betrat im Juni 1944 das befreite Rom. Er wurde im «Psychological Warfare Branch» eingesetzt, schrieb hierfür Flugblätter, worin er die deutschen Soldaten zur Desertion aufforderte, und verhörte Kriegsgefangene. Ab Januar 1945 schrieb er für die Armeezeitung «Stars and Stripes» und betrat im Mai als deren Korrespondent das befreite Deutschland.

In diesen eindreiviertel Jahren bis zu Klaus Manns Entlassung aus der Armee am 28. September 1945 sahen sich die Geschwister nicht mehr. Auch Erika war in dieser Zeit nicht wirklich frei, denn auch sie hatte sich, als britische Staatsangehörige, der US-Armee verpflichtet. Im Status einer Armeeangehörigen mit Offiziersrang, in Uniform, doch ohne Befehlsgewalt, bereiste sie von 1943 bis 1945 die Fronten und berichtete darüber für mehrere amerikanische Blätter. Sie war in London, im Maghreb, in Kairo, in Palästina, im Irak, in Persien, in Italien. 1944 berichtete sie aus der Normandie von der Landung und dem Vormarsch der Alliierten, sie war eine der Ersten, die die befreiten Städte Paris, Brüssel und Aachen betraten. Dennoch befriedigte sie auch diese Arbeit nicht. Zu sehr war sie an Weisungen ge-

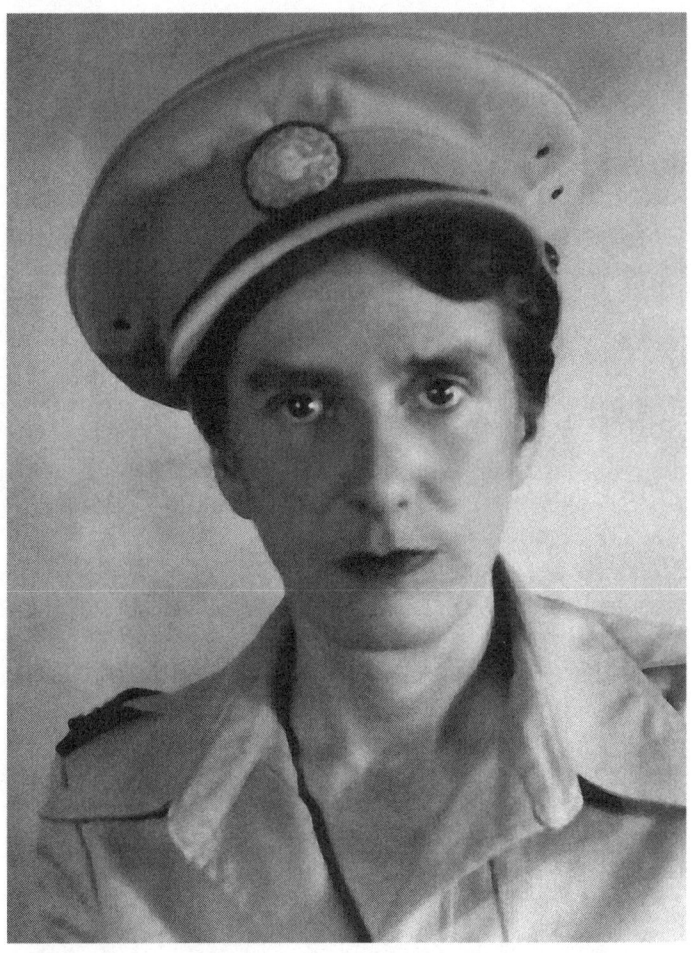

Erika Mann als Kriegsberichterstatterin der US-Army. Enttäuscht
schrieb sie an Klaus über ihre Arbeit: «Schlecht muß man sein,
sonst gefällt's ihnen nicht.»

bunden, vielfach saß sie die Zeit untätig in Militärcamps ab, weil sie vergeblich auf ein Interview mit den befehlshabenden Generälen wartete. Zudem schlug ihr als Frau in Uniform oftmals Verachtung entgegen. Ein Kommandeur, den sie interviewte, sagte ihr ins Gesicht, Frauen gehörten ins Haus und nicht an die Front, sie lenkten dort nur die Soldaten ab. Ihre kritischen Berichte über die Lage der Araber in Palästina wurden zensiert. *«Schlecht muß man sein, sonst gefällt's ihnen nicht»*, schrieb sie enttäuscht an den Bruder.

Nachdem Klaus bereits seine zweite Autobiographie verfasst hatte, wollte auch sie einen Lebensbericht schreiben: «I of all people», «Warum ausgerechnet ich?», gedieh allerdings nur bis zu wenigen Kapiteln, dann brach sie, literarisch weniger selbstbewusst als der Bruder, das groß angelegte Projekt ab.

In den Kriegsjahren 1944 und 1945 werden die Briefe zwischen den Geschwistern spärlicher. Klaus Mann führte nur lustlos und stichworthaft sein Tagebuch, über die Schwester ist meist nur ein «Brief von E» oder «Brief an E» zu finden. Briefe von Klaus sind aus diesem Zeitraum leider nicht erhalten. Er schrieb wohl auch selten, denn Erika klagt: *«Old gorgious, – it is all too long since I haven't heard from you and I utterly dislike that sort of silence between us.»* Auch macht sie Vorschläge, wo man sich in Europa treffen könnte. (In Rom verpassen sie sich einmal knapp um wenige Stunden.)

Erika bezieht die Zweisamkeit vergangener Tage wieder ein, wenn sie in der Kindersprache ein Zitat aus dem Drama «Geschwister» variiert: *«The war ought to be over by October 10th. Where shall we meet? WAS WOLL'N WIR SPIELEN?»* Oder später: *«WAS WIELST DU SPIELEN? Bleibst oder gehst – wohin und wann und werzahltdasdotz?»*

In diesen schwierigen Jahren der Trennung ist es Erika, die weiter versucht, den Bruder in ihr Leben einzubeziehen, ihn an dem, was sie bewegt, teilnehmen zu lassen. So ist er – neben der Mutter – auch der Einzige, der von ihrer heftigen Liebe zum Dirigenten Bruno Walter erfährt. Walter war bereits in Münchner Tagen ein Nachbar Thomas Manns gewesen, nun verkehrt man wieder in vertrauter Nähe im kalifornischen Exil in Pacific Palisades.

Erika versucht vergeblich, ihre Neigungen zu dem «greisen Unhold», wie sie Bruno Walter neckisch-liebevoll nennt, einzudämmen. In Briefen an Klaus schreibt sie von ihrer *«Geisteskrankheit»*, von einem *«Stück aus des Teufels Tollkiste»*. Auffallend ist jedoch, dass sich Klaus Manns Tagebücher hierzu beharrlich ausschweigen, obgleich es im Walterschen Haus – Thomas Mann nennt die Ehe der Nachbarn die «Waltersche Hölle» – auch zu heftigen Szenen zwischen Frau Walter, Bruno Walter und Erika Mann kommt. Klaus litt selbst unter seiner Einsamkeit und darunter, dass er die Liebe immer nur als Wunde erfahren hatte. Katia Mann sah den Szenen ratlos zu, helfen konnte sie der Tochter nicht. An Klaus schrieb sie über Erika: «Ich glaube, im Grunde ist sie tief unbefriedigt von ihrer Existenz, die ja reich und angeregt, aber menschlich eben doch nicht das Richtige ist.»

Auf einer Reise als Kriegskorrespondentin lernte Erika 1944 ihre Kollegin Betty Knox kennen, mit der sie bis 1947 eng befreundet war. Dem Bruder schrieb sie, sie hätten «Feldbetten, Jeeps und Autos geteilt».

Sie scheute auch nicht davor zurück, die Geliebte im Urlaub nach Pacific Palisades mitzubringen. Thomas Mann blickte von den Höhen seines Olymps etwas verstört auf die «Eule» herab, die sich nicht der Würde seiner Aura anpasste. Und Katia Mann berichtete Klaus kopfschüttelnd darüber, dass Erika «auf ihre älteren Tage auf dergleichen verfallen» musste.

Doch diese Eskapaden wurden bald wieder vom Krieg eingeholt. Das Ende der Kampfhandlungen erlebten die Geschwister in Europa, an unterschiedlichen Einsatzorten. Am 8. Mai 1945 kapitulierten die deutschen Truppen bedingungslos. Der Militäreinsatz für Erika und Klaus Mann ging aber weiter.

«Waren wir doch Teile von einander»
Der Faden reißt.
1945–1949

Als einer der ersten amerikanischen Korrespondenten gelangt Klaus Mann in das befreite Deutschland. Im bayerischen Oberland, das bis zur Kapitulation von den Deutschen gehalten worden ist, stattet er dem greisen Richard Strauss einen Besuch ab. Der Komponist, der in den zwanziger Jahren in München mit der Familie Thomas Manns verkehrte, erkennt den nun 38-jährigen Klaus in amerikanischer Uniform nicht wieder und plaudert gerade deshalb unverhohlen über seine Ansichten zur Symbiose von Kunst und Drittem Reich. Aus seinen Worten spricht teils opportunistische Egozentrik, teils blinde Naivität. Auf die Frage, ob er nie daran gedacht habe, Deutschland zu verlassen, immerhin sei einer seiner Librettisten, nämlich Stefan Zweig, als Jude aus seiner österreichischen Heimat vertrieben worden, antwortet der Komponist: «übrigens konnte ich ja 1933 nicht ahnen, daß die Rassengesetze kommen würden.» Deutschland verlassen? «Ich habe doch meine Einkünfte hier, ziemlich große sogar. Schließlich gibt es bei uns mindestens achtzig Opernhäuser. Natürlich, wenn die Lebensmittelversorgung hier noch schlechter werden sollte, würde ich vielleicht doch noch auswandern müssen, in die Schweiz etwa. Aber bis jetzt hat man sich ja immer noch irgendwie durchgewurschtelt.» Zornig wird der Maestro allerdings darüber, dass man ihm nun Flüchtlinge ins Haus einquartiert: «Man stelle sich das vor! Fremde – hier, in *meinem* Heim!» Und Klaus Mann resümiert in «Der Wendepunkt»: «Scham und Takt sind seine Sache nicht. Die Naivität, mit der er sich zu einem völlig ruchlosen, völlig amoralischen Egoismus bekennt, könnte entwaffnend, fast erheiternd sein, wenn sie nicht als Symptom sittlich-geistigen Tiefstandes so erschreckend wäre.»

Als Klaus in das zerbombte München fährt und sein Elternhaus sucht, findet er nur noch eine Ruine. Doch auf dem Balkon entdeckt er eine junge Frau, die sich dort notdürftig häuslich eingerichtet hat. Sie klärt ihn über das Schicksal des Hauses auf. Das Gebäude diente in der Nazi-Zeit als Niederlassung der Organisation «Lebensborn», eine Einrichtung, worin athletische SS-Männer und blonde Parteimädchen für Hitler und das neue Deutschland «rassenreine, arische» Vorzeigekinder zeugten. Man hatte das Haus mit Bedacht ausgewählt, um den Namen Thomas Manns, das Haupt der deutschen Emigration, auf perfide Weise zu beschmutzen. In einem englischen Brief an den Vater vom Mai 1945 berichtet Klaus ihm die volle Wahrheit und bezeichnet den «Lebensborn» ungeschminkt als «SS baby factory».

Thomas Manns früh geäußerten Wunsch, nach Deutschland zurückzukehren, ein Wunsch, aus dem Heimweh sprach, zerstreuten Erika und Klaus sehr schnell. Wie schon 1936, als sie ihn ultimativ aufforderten, endlich offen gegen Hitler-Deutschland Stellung zu beziehen, beschworen sie ihn nun, auf keinen Fall zurückzukehren. Die Geschwister, die beide als Korrespondenten aus dem zerstörten Deutschland berichteten, merkten sehr bald, dass die Mehrheit der Deutschen uneinsichtig geblieben war, unfähig, ihre Schuld einzugestehen, Reue zu empfinden und Trauerarbeit zu verrichten. Sehr bald wurden die Emigranten von den Schriftstellern der «inneren Emigration» als Verräter diffamiert. Thomas Mann etwa wurde in einer erbitterten Kontroverse von Walter von Molo zur sofortigen Rückkehr aufgefordert, Manfred Hausmann gar verbot dem Nobelpreisträger in einem Artikel mit der Überschrift «Thomas Mann sollte schweigen» das Wort in deutschen Angelegenheiten. Nein, seit 1933, als Gottfried Benn – der sich nach 1945 ebenfalls als «innerer Emigrant» gebärdete – an die Adresse Klaus Manns im Speziellen und die literarische Emigration im Allgemeinen geschrieben hatte: «Wollen Sie mir also glauben, wollen Sie sich also nicht täuschen, was auch immer Europa Ihnen zuflüstert, hinter dieser Bewegung [des Nationalsozialismus] steht friedliebend und arbeitswillig, aber wenn es sein muß, auch untergangsbereit, das ganze Volk», seit damals hatte sich in den Befindlichkeiten deutscher Seele wenig getan.

Von München aus fuhr Klaus Mann als Berichterstatter für «Stars and Stripes» weiter nach Dachau, sah dort im KZ mit Entsetzen die Verbrennungsöfen, Folter- und Gaskammern und konnte in Augsburg ein Verhör mit dem dort vorübergehend inhaftierten Hermann Göring führen, der weinerlich behauptete, er sei unschuldig und habe sich mit dem Führer ohnehin seit längerem zerstritten.

Wenig später hatte auch Erika Mann Gelegenheit, einige Nazi-Größen im Gefängnis zu besuchen: In Mondorf in Luxemburg bekam sie Zutritt zu einem Hotel, das kurzfristig als Verwahranstalt genutzt wurde. In ihrer amerikanischen Offiziersuniform, mit Schildmütze auf dem Kopf und Zigarillo in der Hand, betrat die provozierend maskulin Wirkende nacheinander die Zellen von Göring, Papen, Rosenberg, Streicher und Ley. Sie selbst durfte zwar nicht mit den Gefangenen sprechen, machte sich aber einen Spaß daraus, nach ihrem Rundgang einen Vernehmungsbeamten zu den Besuchten zu schicken, der sie aufklärte, die Offizierin sei keine Geringere als Erika Mann, die Tochter Thomas Manns gewesen. In einem Brief an die Mutter in Kalifornien beschreibt sie genüsslich die Reaktionen der «Idioten»: «Ley schrie: ‹Assez!› und schlug die Hände vors Gesicht; Rosenberg murmelte: ‹Pfui Deubel!› Und Streicher lamentierte: ‹Du *lieber* Gott, und diese Frau ist in meinem Zimmer gewesen!› Göring war am erregtesten. Hätte ich mich doch nur vorgestellt, sagte er, dann hätte er alles erklärt.» Captain

John Dolibois, Vernehmungsoffizier in Mondorf, gab später allerdings eine etwas andere Fassung zu Protokoll. Streicher, so Dolibois, habe Erika Mann von Fotos her wieder erkannt und gesagt: «Na, Sie sind also gekommen, um all die wilden Tiere im Zoo anzustarren. Dann können Sie auch gleich alles sehen!», und habe zum Zeichen der Verachtung blitzschnell den Gürtel gelöst, seine Hosen fallen lassen und Erika sein Geschlecht gezeigt. Erika Mann schnippte nur gelangweilt die Asche von ihrem Zigarillo und verließ gleichmütig die Zelle.

Eine andere Begegnung rührte an persönliche Erinnerungen. Gustaf Gründgens, Exgatte und -schwager, gewann die Bühnen der Theater zurück und mit ihnen die deutsche Gunst, weil er symbolisch verkörperte, was viele Deutsche gerne sahen: Kontinuität und ein Gefühl, als hätte es nie einen Bruch in der eigenen Biographie gegeben. Klaus Mann sah Gründgens im Juni 1946 bei seinem ersten Auftritt nach Kriegsende und schrieb darüber eine Abrechnung unter dem Titel «Der Liebling von Berlin». Es wurde für Klaus zur doppelten Wiederbegegnung. Gründgens spielte nämlich die Hauptrolle in Carl Sternheims «Der Snob». Der verhasste Exschwager in einem Stück des verhassten Ehemanns von Klaus Manns Exverlobter Pamela! Über das Comeback des Opportunisten schrieb er: «Der Premierenabend war Deutschlands größtes Theaterereignis seit Kriegsende. Bereits Tage vorher war das Theater ausverkauft, die Schwarzmarktpreise stiegen in astronomische Höhen, und die Berliner zahlten Tausende von Mark, um das triumphale Comeback ihres Lieblings zu erleben.»

Nach der Aufführung brach donnernder Applaus los: «Die Bühne war ein Blumenmeer; das Publikum – außer sich vor Begeisterung – hätte wohl noch stundenlang geklatscht und gerufen, wenn nicht die Polizei am Ende das Haus geschlossen hätte.» Und Gründgens' Reaktion? «Rasch fand er wieder zu seinem gewohnten, glamourösen Selbst zurück –

attraktiv wie immer, mit weißer Krawatte, rosigem Teint und blondem Toupet: Berlins unverwüstlicher Liebling vor, während und nach der Nazizeit.» Der Aufsatz Klaus Manns blieb indessen ungedruckt (bis er endlich im Jahre 1980 in der Berliner Schwulen-Zeitung publiziert wurde), doch Gründgens der Liebling der Deutschen.

Als Klaus 1949 kurz vor seinem Tod Verhandlungen mit dem Verleger Georg Jacobi vom Verlag Langenscheidt über eine Neuausgabe seines Romans «Mephisto» führte, wurde ihm der angebliche Schlüsselcharakter des Buches zum Verhängnis. Jacobi machte nach anfänglichem Interesse einen Rückzieher unter Hinweis auf die «bereits sehr bedeutende Rolle», die Gründgens wieder in Deutschland spielte. Klaus Mann schrieb in gerechtem Zorn zurück: «Das heiße ich mir Logik! Und Zivilcourage! Und Vertragstreue! – Ich weiß nicht, was mich mehr frappiert: die Niedrigkeit Ihrer Gesinnung oder die Naivität, mit der Sie diese zugeben. […] Immer mit der Macht! Mit dem Strom geschwommen! Man weiß ja, wohin es führt: zu eben jenen Konzentrationslagern, von denen man nachher nichts gewußt haben will.»

Glücklicherweise blieb es Klaus Mann erspart, das gerichtliche Verbot seines Romans miterleben zu müssen, das 1966 auf Bestreben der Erben Gründgens' erlangt wurde und das offiziell bis heute besteht. Immerhin gelang der Schwester ein meisterhafter Streich: Sie hatte im Mai 1949 von einem Bekannten erfahren, Gründgens habe vor seiner Exfrau so viel Respekt, ja heilige Scheu, dass er, sollte sie bei seinem Edinburgher Gastspiel erscheinen, «stehenden und wankenden Fußes wieder abreisen» müßte. Erika, die sich damals in London aufhielt, berichtet im letzten Brief an den Bruder, wenige Tage vor dessen Tod, mit unbeschreiblicher Genugtuung, sie habe ihr Wissen gleich in einem Interview für die BBC über den Äther im ganzen Land verbreitet: «Kannstadenka, daß ich keine Sekunde verlor und *gleich* wissen ließ, ich ginge nach Edinburg zu den Festspielen. Und jetzt», so tröstet sie den Bruder, «hat also der arme, jrund-jrundhäßliche Mensch keinen ruhigen *Augenblick* mehr. Nett, – gellja?»

Im September 1945 wurde Klaus Mann aus der US-Army ehrenvoll entlassen. Im Oktober sahen sich die Geschwister zum ersten Mal seit fast zwei Jahren in Rom wieder, allerdings zu kurz, als dass sie sich hätten richtig austauschen können. Klaus war über das Ende seiner Soldatenzeit keinesfalls nur glücklich. Wieder wusste er nicht, wie er seinen Lebensunterhalt verdienen sollte und wo er seinen Platz als Schriftsteller finden könnte, wo man ihn überhaupt benötigte. Das Tagebuch verrät: «E[rika]. – Entlassung. Unsicherheit. Entwurzeltsein. Ekel.»

Das geschwisterliche Verhältnis blieb schwierig – Klaus Manns Empfindlichkeit, seine berufliche wie private Orientierungslosigkeit trugen dazu bei. Enttäuscht registrierte er, dass die Schwester nicht mehr so häufig Briefe schrieb, was er eifersüchtig sogleich als «Bestrafung» interpretierte. Sie dagegen wies ihn zurecht:

«I am utterly, but really utterly .... And I ask you! How could *a mature Sarge like yourself, a clever psychologist and a connoisseur of his sis' heart (plein de toi!) how could he have dreamed up the idea that her (sis') silence might be due to and caused by,* any *remark of his – let alone by one as neat and sensible as that Unhold-bit? Now, really!»*

Am liebsten hätte Klaus nach dem Krieg dort angeknüpft, wo er vor der Einberufung aufgehört hatte: bei gemeinsamen Büchern mit Erika. Bereits im Mai 1945 trägt er in einem Brief an den Vater Grüße an Erika auf, mit der Ergänzung, er habe eine Idee für ein gemeinsam zu schreibendes Drama und ein Filmdrehbuch. Auch war ein Buch im Gespräch, das sich mit dem Deutschland der Jahre 1944–1947 befassen sollte. «Sphinx without Secret», so der Titel, blieb Fragment, obgleich sich die Autoren in ihrer Sicht der politischen und sittlichen Verhältnisse im Deutschland der Nachkriegszeit so einig wie selten zuvor waren.

Ausgerechnet auf sehr fatalem Felde näherten sich die Geschwister wieder einander an. Erika, die bisher Klaus brieflich immer vor den Drogen gewarnt hatte und, wie Golo Mann berichtet, oft in Klaus' Zimmer gegangen war, die Rauschgiftampullen zerbrochen und zum Fenster hinausgeworfen hatte, gewöhnte sich nach dem Krieg wieder an, selbst Drogen zu konsumieren. Dabei unterstützte sie auch den Bruder: Gemeinsam feierten sie «Drogenpartys», und die Schwester schenkte Klaus immer wieder diverse Opiate. Die altbekannte Szenerie aus Klaus' Drama «Geschwister» war perfekt. Klaus' körperlicher und psychischer Verfall beschleunigte sich in diesen Jahren. Der Schwester schreibt er: «Aber was soll das alles? Mich freut gar nichts mehr.»

1948 verbrachte Klaus längere Zeit bei den Eltern in Pacific Palisades. Es muss für ihn eher belastend gewesen sein, als 41-jähriger noch zu Hause zu leben und finanziell vom Vater abhängig zu sein. Als Erika im Dezember von Pacific Palisades nach Santa Monica umzog, weil sie die Nähe zu Bruno Walter – den sie unglücklich liebte – nicht mehr ertrug, zog Klaus in das frei gewordene Zimmer der Schwester. Das hatte fast symbolischen Charakter.

Im Juli 1948 unternahm Klaus erneut einen Selbstmordversuch. In einem Brief bekannte er später: «Eine Müdigkeit? Ja, darum dürfte es sich wohl gehandelt haben. ‹La difficulté d'être› lastet auf mir, jede Stunde, jeden Augenblick – ich finde es oft fast untragbar, beinah unausstehlich.» Die Klatschpresse erfuhr durch Zufall davon, ergoss sich mit Berichten über das Ereignis und belästigte die Familie Mann. In dieser Situation war es vor allem Erika, die sich rührend um den Bruder sorgte und das einzig Richtige tat, um ihn vor der Presse zu beschützen: Sie verschaffte ihm wechselnde Wohnmöglichkeiten bei Bruno Walter in Pacific Palisades, bei Golo Mann in Palo Alto und bei der Zeichnerin Eva Herrmann in Santa Monica.

Brieflichen Zuspruch und Solidaritätsbekundungen erhielt er vielfach, so von Upton Sinclair und Ludwig Marcuse. Aber auch andere Zuschriften erreichten ihn. Golo Mann erinnert sich sarkastisch: «Er [Klaus] erhielt viele Briefe, hauptsächlich Bitten um Autographen, die Unterschrift eines Selbstmörders war etwas wert. Er trug noch Verbände um die Unterarme, ein nicht zu übersehendes trauriges Mal.»

Die Familie war, trotz aller äußeren Hilfsbereitschaft, von der Situation peinlich berührt. «Über das Ereignis», so Golo Mann weiter, «welches der Grund des Besuches war, wurde nicht gesprochen bis zum Schluß. Da, während wir am Bahnhof warteten, mußte ich trotzdem fragen: ‹Warum hast Du das eigentlich getan?› Er nannte flüchtig den ‹Anlaß›. Dann: ‹Man darf es nicht machen; wegen derer, die einem nahestehen, nicht.› Er sagte es wider besseres Wissen; auch nahm ich es ihm nicht ab.»

Auch an Erika gehen die Aufregungen und Enttäuschungen dieser Jahre nicht spurlos vorüber. Sie kränkelt, muss mehrfach ins Hospital. Klaus machte sich fürchterliche Sorgen um sie. Als sie Ende Dezember 1948, nach einem weihnachtlichen «Drogenfest», einen Herzanfall erleidet, sitzt ihm der Schrecken tief.

Zu den Aufregungen, die beiden Geschwistern nervlich zusetzten, gehörte auch eine verleumderische Kampagne in der Münchner Zeitschrift «Echo der Woche». Dort hatte Harry Schulze-Wilde, einst glühender Kommunist und Sekretär Theodor Pliviers, der sich nun vom Saulus zum Paulus gewandelt hatte, unter der Überschrift «Vor einem neuen Novemberputsch?» behauptet, Erika und Klaus Mann seien «führende Agenten Stalins in USA». Weiter mutmaßte er: «Die Salonbolschewisten vom Schlage der Mann-Kinder jedoch haben die wichtigere Aufgabe. Sie müssen die Zersetzung der demokratischen Front ins Heim des ‹kleinen Mannes› tragen. Sie haben in scheinheiliger ‹Objektivität› – lies konsequenter Verlogenheit – den Boden für die jeweils angesetzte kommunistische Aktion vorzubereiten.»

Zwar strengten die Geschwister gegen Schulze-Wilde – die «Wildsau», wie sie ihn nannten – einen Prozess an, doch vergebens: Der Anwalt hatte «deutschrechtliche» Bedenken, die amerikanische Besatzungsbehörde schaltete sich nicht ein. Schulze-Wilde blieb bis 1950 auf seinem Posten als Chefredakteur. Eine gemeinsam verfasste Gegendarstellung der Geschwister, der Artikel «Beispiel einer Verleumdung», wurde von Schulze-Wilde im «Echo der Woche» nicht zum Abdruck freigegeben, sondern erschien erst kurz vor Klaus' Tod in der New Yorker Zeitung «Aufbau».

Das Tagebuch des Jahres 1949 eröffnete Klaus Mann mit dem Eintrag: «Ich werde diese Notizen nicht weiterführen. Ich wünsche nicht, dieses Jahr zu überleben.» Im März verließ er Amerika, um in Amsterdam und Zürich Vertragsverhandlungen über Wiederauflagen seiner Bücher nachzugehen. Diese schlugen allerdings fehl. Weder eines seiner alten Bücher noch der von ihm eigens ins Deutsche übersetzte «Wendepunkt» wurde von deutschen Verlagen angenommen. Nur «André Gide und die Krise des modernen Denkens» konnte 1948 in einem Zürcher Verlag erscheinen. Das erste Buch von ihm nach dem Krieg auf dem deutschen Markt war 1952 sein Lebensbericht. Klaus Mann nahm dies nicht nur persönlich. Er sah in der Weigerung, deutsche Exilautoren zu veröffentlichen, eine Unfähigkeit, sich mit der eigenen Vergangenheit auseinander zu setzen oder den schmerzhaften Weg der Demokratisierung einzuschlagen: «Das deutsche Lesepublikum würde sicherlich wissen wollen, was diese angesehensten Schriftsteller des Landes – von welchem einige im Exil starben – während der Jahre ihrer Abwesenheit geschrieben haben, aber kein Deutscher hat die Möglichkeit, es herauszufinden.

Es gibt keine Bücher der Emigrantenautoren in diesem Land!»

In Deutschland als «Agenten Stalins» diffamiert, in Amerika, das zunehmend einer Kommunistenhysterie verfiel, verdächtigt (Emigranten wie Bert Brecht oder Hanns Eisler mussten sich vor McCarthys «Ausschuss für unamerikanische Umtriebe» verantworten), gerieten Erika und Klaus zunehmend zwischen die Fronten des Kalten Krieges. Das FBI hatte seit 1941 – wie zuvor die Gestapo – geheime Dossiers über die Familie Mann angelegt. Die Familie wurde jahrelang überwacht, Telefongespräche wurden abgehört, Briefe geöffnet, ohne dass sie davon ahnte. Freunde und Bekannte wurden bespitzelt und ausgefragt. Nicht von ungefähr wurde Erikas Antrag auf Einbürgerung in die USA über lange Jahre verschleppt, bis sie ihn schließlich 1950 entnervt und verbittert zurückzog. Die Akten, die inzwischen zum Teil zugänglich sind (zum Teil wurden Namen vor der Veröffentlichung jedoch ausgeschwärzt), sprechen eine deutliche Sprache: Neben den alten Verdächtigungen, die Geschwister hätten ein inzestuöses Verhältnis, sind es vor allem solche politischer Art.

Klaus Mann schrieb in seinen letzten Lebensmonaten an einem neuen Roman, «The Last Day». Darin beschreibt er das Schicksal zweier Intellektueller in Ost und West, die beide an ihrem gesellschaftlichen und staatlichen System verzweifeln und schließlich zugrunde gehen, der eine durch Selbstmord, der andere wird erschossen. Der in New York lebende Julian schreibt im Roman über seine Sicht der amerikanischen Demokratie Folgendes – und bringt damit wohl auch Klaus Manns Meinung zum Ausdruck: «Wer zufällig anderer Meinung ist als das State Department, das Wall Street Journal und die Herren vom FBI, ist praktisch ein Geächteter ... Ein freies Land? Ein Polizeistaat – das ist es. Die Mächtigen aus Wirtschaft und Militär rauben uns die Freiheiten.»

Thomas Mann, gemeinsam mit seiner «Adjutantin» Erika, nach der Verleihung der Ehrendoktorwürde in Oxford, 13. Mai 1949.

Erika schrieb an Klaus zwei Tage später: «Wie Du lebhaft realisieren magst, sind unsere Tage voller als jedes Maß auch Bahr à la der bescheidensten Muße und sis, the shy one, leidet ein wenig, nicht, ohne dann doch wieder [...] einen gewissen (nicht erheblichen) Spaß zu derivieren von all dem törichten trouble.»

Die Enttäuschung über die verpasste Chance eines sittlichen und gesellschaftlichen Neubeginns nach der Niederringung der nationalsozialistischen Barbarei und über die Frontenbildung des Kalten Krieges drückt sich auch in Klaus Manns letztem Essay aus. In «Die Heimsuchung des europäischen Geistes» zieht er eine letzte verzweifelte Schlussfolgerung: Er ruft die Intellektuellen in Ost und West, die sich nicht dieser gedanklichen und politischen Gängelung und Lagerbildung unterwerfen wollen, zum kollektiven Freitod auf, um so den Mächtigen dieser Welt ein denkwürdiges Fanal zu setzen.

Während Klaus im Frühjahr 1949 in Cannes in Südfrankreich an diesem Essay und seinem düsteren Roman arbeitete, begab sich Erika zur gleichen Zeit zusammen mit den Eltern auf Vortragstournee nach England und Schweden. An der Universität von Oxford wurde Thomas Mann am 13. Mai die Ehrendoktorwürde verliehen.

Schonungslos urteilte Golo Mann viel später über diese Reise im Mai 1949, den letzten Lebenswochen Klaus Manns: «Ich füge hinzu, daß er [Klaus] auch zu seiner Schwester nicht mehr ganz so stand wie ehedem. Sie unternahmen nichts Gemeinsames mehr. Erika hatte sich nun ganz auf den Vater konzentriert, seine Assistentin und Editorin, seine Unterhalterin und Hofnärrin. Sie reiste mit den Eltern, und die reisten häufig – ‹diese Ehrenreisen›, wie Alma Mahler schiefen Mundes einmal fallen ließ. Auf solcher Ehrenreise – Oxford, Stockholm – war sie auch, als das Letzte geschah; ein Zufall, aber ein nicht uncharakteristischer.»

Dabei hätte Erika Mann es ahnen können, denn der Bruder hatte am 7. April erneut einen Selbstmordversuch unternommen. Sie wies ihn zwar brieflich aus Beverly Hills in bemüht humorigem Ton zurecht, dachte aber nicht daran, die Reise nach England abzusagen und stattdessen zu ihm nach Südfrankreich zu fahren. *«Ja, hast denn Du* überhaupt *keinen Verstand mehr?»*, herrscht sie ihn an. *«Was* soll *denn*

nur wieder werden? Dann sitzest Du als amal da und haust die
Schreibmaschine in Klümpchen und man muss Dich in die Ge-
schlossene verbringen und wie Espenlaub zittern um Dich.
Zuzu zipfelhaft und ganz, als ob Du Dir 's nichts AUSRECH-
NEN könntest!»

Klaus Mann versuchte unterdessen in Südfrankreich mit
letzter Kraft, seine Lebenssituation noch einmal zu meistern.
Mit Hilfe einer guten Freundin, Doris von Schönthan, unterzog er sich vom 5. bis zum 15. Mai einer Entziehungskur in
Cannes. Die Erlebnisse in der Klinik beschrieb er skizzenhaft
in dem unveröffentlichten, auf Englisch geschriebenen Er-
zählfragment «The Cage».

Bis zu seinem Tode sah der Entwurzelte die deutsche
Sprache von den Nazis und von den reaktionären Kreisen
Nachkriegsdeutschlands beschmutzt. Seine letzten großen
Bücher, «The Turning Point» und die Gide-Monographie,
schrieb er zunächst in englischer Sprache, um sie erst später
ins Deutsche zu übersetzen, in der Hoffnung, damit auf den
deutschen Buchmarkt zu gelangen. Auch die letzten Erzähl-
versuche sind, ebenso wie sein letzter großer Essay «Europe's
Search for a New Credo» (von Erika Mann übersetzt und be-
titelt «Die Heimsuchung des europäischen Geistes»), in Englisch verfasst. Im März 1948 erschien in einer Prager Zeitschrift sogar ein Interview mit dem programmatischen Titel
«Ich bin kein Deutscher!». Und selbst viele seiner Privat-
briefe, so an Erika und Thomas Mann (der nur schlecht Englisch konnte), sind in der Fremdsprache geschrieben.

Beim Antritt der Kur schreibt er Erika einen Brief, in dem
er mit bitterem Humor auf ihre Warnungen eingeht: «Deine
Befürchtungen, die chose elle-même betreffend, sind übertrieben. Übrigens höre ich jetzt völlig auf: es stört mich bei
der Arbeit. Das Bemerkenswerte daran ist, daß ich nicht einmal den kleinen Vorrat ganz zu Ende schmunzele, sondern
schon vorher nervös Schluß mache. Vielleicht schicke ich
Dir eine kleine Kostprobe vom Übrigbleibenden. Tue ich

dies, und erreicht dich der kleine Witz, so bitte ich, beim Genuß *äußerste Vorsicht* walten zu lassen. Es ist ein sehr starker Schnaps: ein paar Tröpfchen genügen. Wirkt übrigens stark einschläfernd: also nicht vor geselligen Veranstaltungen oder dergleichen schlürfen, sondern nur vorm Zubettgehen, in minimen Dosen.»

Nach der Kur, am 15. Mai, schreibt er einen weiteren Brief, diesmal an das «lieb Zweigestirn» Erika und Katia Mann in London. Darin reißt er noch ein paar süffisante Witze, die aber eher von seiner Müdigkeit als von Kraft zeugen: «Da die Frankfurter Visite ja so ziemlich mit der Etablierung des Westdeutschen Staates koinzidiert, läge es doch nahe, daß man dem Vater die Präsidentschaft anböte. [...] Das Dichterschicksal würde sich bedeutend ründen, es wäre eine fette Pointe für die Biographen da. [...] Und was für eine schöne Familienpolitik wir machen könnten! Major Hindenburg und Papen sind nichts dagegen. Ich würde dafür sorgen, daß nur Schwule gute Stellungen kriegen; der Verkauf des heilsamen Morphium wird freigegeben; E[rika] amtiert als graue Eminenz in Godesberg, während der Vater in Bonn mit dem russischen Gesandten Rheinwein schlürft ...»

Am selben Tag schrieb Erika ihrem Bruder von London aus – es sollte der letzte Brief von ihr sein, den er erhielt. Darin warnt sie erneut vor Drogen und Schlaftabletten, schmiedet aber auch Pläne für gemeinsame Unternehmungen im Sommer: «Ach, vermutlich schlecktest du ohn' jedweden Unterlaß, und wenn Sie Schlafmittel nehmen, wie wollen Sie denn dann schlafen? [...] Laß uns doch recht bald zusammenfahren, uns zusammensetzen und ein wenig gesunden fun haben, damit Du Dich erholst. Ob Du in die Schweiz zu kommen beabsichtigst? Ich gedenke (vaguely), scharf Ende Juni nach Österreich zu gehen, sorge mich nur sehr, wie ich zu einem Automobil kommen könnte [...] Wie gefällt Dir die Sache? Und dann, vielleicht, zu Tito.»

Klaus Mann erhielt den Brief der Schwester am 19. Mai in

Eine der letzten Aufnahmen von Klaus Mann, im Mai 1949 in Cannes.

In dem 1932 erschienenen Buch «Treffpunkt im Unendlichen» er-schießt sich die Romanfigur Richard Darmstädter in einem Hotelzimmer in Nizza. «Der Lebenstrieb», so Darmstädters letzte Gedankengänge, «die vitale Energie richtet sich gegen sich selbst. Ein grauenhaft-paradoxes Sichüberschlagen des Lebenstriebes. Der Arm, der sich hebt, eigens zu dem Zweck, daß er sich künftig nie mehr heben könne –: schauerlicher Mißbrauch der Muskelkraft.»

Cannes. Gleich tags darauf, am 20. Mai, schrieb er dem «Zweigestirn» nochmals ausführlich. Zwar überwiegen die Klagen – Geldsorgen, Sorgen um den kranken Fritz Landshoff in Amsterdam, die Enttäuschung über die Ablehnung des «Mephisto» durch den Verleger Georg Jacobi –, doch geht er überzeugend und in freudigem Ton auf Erikas Vorschlag ein, man könnte sich im Juni in Österreich treffen: «WANN WOLLT IHR IN ÖSTERREICH SEIN? WO? Vielleicht, daß ich Euch dort treffe – so um den 29. Juni rum. Nach der Schweiz zieht mich eigentlich nichts; höchstens käme eine kurze Visite, auf dem Weg nach Salzburg, in Frage … Mein Freund MUCHA [Jirí Mucha, tschech. Schriftsteller] […] hat mich wieder sehr herzlich nach Prag eingeladen. Vielleicht fahren wir dorthin gemeinsam, Erika – im Automobil, mit [Betty] Knox? Zu Tito möchte ich wohl eher *nicht*.»

Klaus Mann starb in den Abendstunden des 21. Mai 1949 an einer Überdosis Schlaftabletten, nachdem er den ganzen Tag im Koma gelegen hatte. Wie aus Erikas Brief vom 15. Mai hervorgeht, nahm er Schlaftabletten wohl als Ersatzdroge statt Opiaten. Aus den letzten Tagebucheintragungen geht hervor, dass er wieder eine Liebelei mit einem Kellner oder Barkeeper namens Louis hatte, doch verraten sie nichts von Liebeskummer.

Die Eltern und die Schwester wurden von der Nachricht in Schweden überrascht. Während Erika den Schmerz um den Bruder jahrelang, ja vielleicht nie verwand, zeigt Thomas Manns Tagebucheintrag jenes Abends, dass er den Tod des Sohnes als persönlichen Affront auffasste: «Mein Mitleid innerlich mit dem Mutterherzen und mit E[rika]. Er hätte es ihnen nicht antun dürfen. […] Viel über ihn und den von langer Hand unwiderstehlich wirkenden Todeszwang. Das Kränkende, Unschöne, Grausame, Rücksichts- und Verantwortungslose.»

Erika, seine Tochter und Managerin, überredete den Vater, das Reiseprogramm zwar zu kürzen, nicht aber abzubrechen. So wäre niemand von der Familie bei Klaus Manns Beerdigung in Cannes zugegen gewesen, wäre nicht der Bruder Michael im letzten Augenblick – der Sarg wurde eben hinabgelassen – am Grabe erschienen, wo der gelernte Bratscher noch eine Trauermusik spielte.

Erika Mann suchte ihrer Trauer zunächst in Briefen Herr zu werden. Der Freundin aus Jugendtagen Pamela Wedekind, die man nach ihrer Heirat mit Carl Sternheim lange Zeit aus den Augen verloren hatte und die nun ein Kondolenzschreiben geschickt hatte, klagt sie: «Wüßte ich meinerseits nichts weiter über den Zustand unseres unseligen Planeten, als daß Klaus nicht mehr leben konnte, auf ihm, mir bangte erheblich. [...] Wie ich leben soll, weiß ich noch nicht, weiß nur, daß ich muß; und bin doch gar nicht zu denken, ohne ihn.»

Und ähnlich beschwört sie in einem Brief an Eva Herrmann die Symbiose mit dem Bruder, eine Symbiose, die freilich schon längst verloren gegangen war – und mit ihr ein Teil der Lebenskraft Klaus Manns: «Waren wir doch Teile von einander, – so sehr, daß ich ohne ihn im Grunde gar nicht zu denken bin.»

Klaus Mann hat in seinem Tagebuch immer wieder bekannt, nur seine Schwester stehe zwischen ihm und dem ersehnten Tod. Erika wusste dies nur zu gut, sie kannte seine Schuldgefühle ihr gegenüber und hatte – zu sehr – auf die Macht ihres Erinnerns, ihrer Mahnungen gebaut. In einem zweiten Brief an Pamela Wedekind wird ihr Irrtum nochmals deutlich: «Aber mir stand völlig fest, daß man *nichts*, – keinen Zettel, keinen Gruß, – *gar* nichts finden würde. Hätte er unser, – unserer Mutter und meiner auch nur *gedacht*, oder hätte er uns gar angeredet, er hätte es nicht vermocht. – So mischt sich in meinen Jammer kein Vorwurfstropfen und keine Bitterkeit. – Ich möchte, daß Du dies wissest und daß auch Dir sein Bild rein bleibt.»

«Sie leisten in der Tat Unglaubliches!»
Im Dienst von Vater und Bruder.
1949–1969

In den nun folgenden zwanzig Lebensjahren versuchte Erika Mann mit allen Kräften, das Bild von Bruder und Vater – oder besser: *ihr* Bild von beiden – «rein» zu halten. Als Sekretärin, Übersetzerin, Managerin für Thomas Mann, als Nachlassverwalterin und Herausgeberin für sein Werk und das von Klaus. Recht glücklich wurde sie darin nicht. Mit eiserner Disziplin unterwarf sie sich ihren Aufgaben und Pflichten; das Bild von der «Adjutantin», vom «Protokollchef», von der «Wotanstochter» wurde von Außenstehenden teils liebevoll, teils spöttelnd kolportiert. Sie selbst sah sich gelegentlich als «bleicher Nachlaßschatten», in ihrer Arbeit nur «notdürftig geborgen».

Meist stellte sie alles Persönliche zurück: eigene Arbeit wie auch privates Glück. Resignation kam hinzu. Ihre einst so berühmten und erfolgreichen lecture-tours durch die Vereinigten Staaten fielen ab 1949 der Hetze durch McCarthys antikommunistische Kampagne zum Opfer. Erikas Agent kündigte ihr, deren Ruf anrüchig geworden war, und sie zog sich enttäuscht und verbittert ganz auf ihren «Sekretario's-Posten» beim Vater zurück.

Hier konnte sie – das wusste sie – wirken, auch nach außen hin, auch im politischen Sinne. Thomas Mann war ja seit jeher mit kritischen Äußerungen zu öffentlichen, außerliterarischen Dingen eher zurückhaltend. Dies hatte sich notgedrungen in den Jahren des Exils geändert, nicht zuletzt durch den Einfluss seiner beiden ältesten Kinder. Nun reiste er mit Erika durch die Kontinente, nahm überall Auszeichnungen, Ehrendoktorwürden und Preise entgegen, gab Interviews, hielt Reden, wobei die Tochter, die inzwischen perfekt Englisch sprach, dem Vater manches vorformulierte, wenn er sich im fremden Idiom nicht recht auszudrücken verstand. Erika kürzte und redigierte seine letzten großen Romane – den «Doktor Faustus», den «Erwählten», die Fortsetzung des «Felix Krull» – und sparte auf ironische Weise nicht mit Kritik. Er verließ sich – denn seine Schriftstellerei war zum Großunternehmen angewachsen – schier blindlings auf seine Managerin, ging mit ihr die eingegangene Post durch und besprach deren Beantwortung mit ihr. Sie kümmerte sich um Honorarverhandlungen, riet bei Einladungen oder Aufträgen zu Vorworten und Reden ab oder zu. Wenn Thomas Mann in gewohnt epischer Breite ein Manuskript wieder einmal zu lang geraten war, kürzte sie es und wusste dennoch das Wesentliche beizubehalten, ohne den Thomas-Mann-Stil zu beeinträchtigen – dessen Meisterin sie ja selbst war, wie Ludwig Marcuse einmal belustigt feststellte. Ein Beispiel mag ihre unglaubliche Leistung hierin veranschaulichen: Als Thomas Mann 1955 eingeladen wurde, die Festrede zur Schiller-Feier in Stuttgart zu halten, quoll sein Redemanuskript auf 125 Seiten an. Erika nahm den Rotstift und strich – rigoros, aber nicht unbehutsam – das Ganze auf 20 Seiten zusammen. Die stehenden Ovationen, die der Vater am 8. Mai 1955 damit erntete, gaben auch ihr ein Gefühl von Genugtuung.

Seit 1950 trug sich Thomas Mann erneut mit dem Gedanken an eine Rückkehr nach Europa – allerdings nicht nach Deutschland, sondern in die Schweiz. McCarthys Kommunistenhetze, die Anfeindungen im Gefolge des Kalten Krieges hatten auch ihn getroffen. Erika Mann hatte in diesem Jahr ihren Antrag auf Einbürgerung enttäuscht zurückgezogen. Mit ihrer Begründung an die Adresse des Direktors der Immigrationsbehörde machte sie sich nicht nur persönlich Luft, auch die deutschen Emigranten waren ihr dankbar. Lion Feuchtwanger etwa schrieb ihr: «Ich habe Ihren Brief an die Immigrationsbehörde mit heller Freude gelesen. Er ist ein kleines Meisterwerk eleganter und tödlicher Polemik.»

Viele Emigranten erlebten in diesen Jahren den Terror der Bespitzelung, Verdächtigung und Diffamierung, ohne sich wehren zu können. Sie alle, die 1933 aus Deutschland vertrieben worden waren, ihren Besitz zurückgelassen, Verwandte und Freunde in den KZs verloren hatten, die vielfach im Dienste der amerikanischen Armee gegen die braune Barbarei gekämpft hatten, im Glauben an eine bessere und freiere Welt nach dem Kriege, sahen sich nun bitter enttäuscht und entmutigt.

Erika Mann jedenfalls schrieb an die Einwanderungsbehörde: «Doch inzwischen war längst der Krieg ausgebrochen, und ich war zu sehr damit beschäftigt, zuerst die britischen und dann die amerikanischen Kriegsbemühungen zu unterstützen, als daß ich mich für die erforderliche Dauer von sechs Monaten an einem Ort der USA hätte niederlassen können. Unzählige Male habe ich mein Leben in Gefahr gebracht, als ich während der schweren Luftangriffe für die BBC arbeitete und als Kriegsberichterstatterin bei den US-Streitkräften akkreditiert war. [...] Von 1939 bis 1946 verbrachte ich ungefähr die Hälfte meiner Zeit im Krieg oder bei den Besatzungstruppen und, um mir etwas Erholung zu gönnen, ein Drittel bei Vortragsreisen ‹daheim› in den Vereinigten Staaten. Ich bekam mehr Angebote, als ich hätte annehmen können – weitaus mehr. Meinem Agenten zufolge war ich der ‹meistgefragte› weibliche Lecturer in diesem Land und, nebenbei bemerkt, einer der besten, mit denen er je zusammengearbeitet hat. Hunderte von Briefen verschiedenster Organisationen – Universitäten, Schulen, Kirchen, Clubs, kommunale Diskussionskreise – bezeugen den konstruktiven und pädagogisch wertvollen Charakter meiner Bemühungen. Ich verdiente mir meinen Lebensunterhalt gut dabei, ruinierte aber meine Gesundheit [...] Ich lebte und arbeitete nun einmal in den USA, und da ich dies auch weiterhin zu tun wünschte, hielt ich es nur für korrekt, mich dem guten Volk dieses Landes auch legal anzuschließen. Ich stellte meinen Antrag vor fast vier Jahren. Seit diesem Zeitpunkt ist eine Überprüfung im Gange, die unvermeidlich dazu führte, Zweifel an meinem Charakter zu wecken, meine berufliche Laufbahn allmählich zu ruinieren, mich meines Lebensunterhaltes zu berauben und mich – kurz gesagt – von einem glücklichen, tätigen und einigermaßen nützlichen Mitglied der Gesellschaft zu einer gedemütigten Verdächtigten zu machen. [...] die Behörden [begannen] in meinem Privatleben herumzustochern in einer Weise, die alle Befragten äußerst schockierte. Barkeeper, Büroangestellte, Manager, Redakteure, gute Bekannte und Leute, die mich fast gar nicht kennen, wurden gleichermaßen verhört. Kein Wunder, daß potentielle Arbeitgeber eine heftige Abneigung verspürten, mich zu engagieren. [...] Erst als ‹Einbürgerungsbewerberin› mußte ich die allmähliche Vernichtung von allem, was ich in mehr als einem Jahrzehnt aufgebaut hatte, mit ansehen. Dieses Schauspiel war um so quälender, als es die dritte Existenz betraf, die ich mir selbst geschaffen hatte. Der Nazismus vertrieb mich aus meinem Geburtsland Deutschland, wo ich ziemlich erfolgreich gewesen war; Hitlers wachsender Einfluß in Europa veranlaßte mich, den Kontinent zu verlassen, in dem ich auf Gastspielreisen mit meiner eigenen Show über tausend Vorstellungen gegeben hatte; und jetzt sehe ich mich – ohne eigenes Verschulden – ruiniert in einem Land, das ich liebe und dessen Staatsbürgerin zu werden ich gehofft hatte.»

Erika Mann war bis zuletzt eine glühende Verfechterin von Recht und Gerechtigkeit – und ließ hierin nur eigene Maßstäbe gelten. Gerade weil sie das Recht liebte, tat sie bisweilen Unrecht, selbst an Freunden. Als Martin Gumpert, der sie zärtlich verehrte, 1947 seine «Berichte aus der

Fremde» im Konstanzer Südverlag veröffentlichte und im gleichen Jahr dafür einen deutschen Lyrikpreis erhielt, empfand sie das als Verrat. Als er 1949 im Auftrag der Zeitschrift «Life» auch noch die Europareise Thomas Manns als Korrespondent begleitete, warf die Adjutantin ihm eifersüchtig gar Karrierismus vor. Katia Mann suchte in einem Brief an Gumpert zu schlichten: «Es ist schlimm, daß sich bei ihr der Gram in eine maßlose zerstörerische Bitterkeit umsetzt, von der sie wahrscheinlich nur eine wirklich befriedigende, ihren Gaben entsprechende Tätigkeit befreien könnte.» Selbst Thomas Mann seufzte einmal im Tagebuch über Erika: «Zuviel Charakter macht ungerecht.»

Die Mutter hatte Recht: Der Tochter fehlte die «entsprechende Tätigkeit». Ein Plan – gemeinsam mit Lotte Walter – zur Gründung einer Schule für Liedersängerinnen mit Stimm- und Sprechausbildung zerschlug sich. Immerhin konnte Erika im Jahre 1950 einen Gedächtnisband für Klaus initiieren und herausgeben. Dafür hatte sie Freunde und Bekannte um die Abfassung von Essays und Erinnerungen gebeten, selbst der Vater steuerte einen Aufsatz bei, worin er den Sohn überschwänglich, aber zu spät lobte: «Ich glaube ernstlich, daß er zu den Begabtesten seiner Generation gehörte, vielleicht der Allerbegabteste war ... in ihm aber mischte sich ein unaufhaltsam wachsendes, seinen guten Willen überwältigendes, durch Enttäuschung genährtes, leidendes Verlangen nach persönlicher Auslöschung mit der allgemeinen Verzweiflung der Intelligenz in dieser Zeit und an ihr, wie er sie schildert in seinem letzten, englisch geschriebenen Aufsatz ‹Die Heimsuchung des europäischen Geistes›.»

Den letzten Essay Klaus Manns – Erika begriff ihn als sein Testament – hatte die Schwester ein Jahr zuvor für die «Neue Schweizer Rundschau» aus dem Englischen übersetzt. Im Gedächtnisband wurde er nochmals veröffentlicht.

Im Juni 1952 war es so weit: Thomas, Katia und Erika

Mann verließen Pacific Palisades und zogen zurück auf den alten Kontinent. Wie schon 1938, als Erika sich um die Auflösung des Haushalts in Küsnacht gekümmert hatte, lag auch nun die Hauptlast auf ihr. Die Yale University hatte einen Teil der Manuskripte Thomas Manns angekauft, und Erika musste tagelang jedes Blatt und jeden Zettel des Vaters sichten und ordnen. Nach umfangreichen Vortragsreisen durch die Schweiz, Österreich und Deutschland ließ man sich im Dezember in Erlenbach bei Zürich nieder, gut ein Jahr später, im April 1954, bezog die Familie die «letzte» Adresse, die Alte Landstraße 39 in Kilchberg am Zürichsee. Hier wohnten Thomas, Katia und Erika Mann bis zu ihrem Tode, später auch noch Golo.

Das «Exil nach dem Exil» war alles andere als geruhsam. Die Dienste für den Vater wuchsen immer mehr. Daneben schrieb Erika eine Reihe Kinderbücher unter dem Titel «Zugvögel» und kümmerte sich um Wiederauflagen ihrer alten, gemeinsam mit Ricki Hallgarten verfassten Kinderbücher «Stoffel fliegt übers Meer» und «Der kleine Muck». «Für die Erwachsenen zu schreiben ist mir längst zu blöd», bekannte sie einmal. Allein, die Welt der Erwachsenen ließ sie nicht zur Ruhe kommen. Eine Klage wegen angeblichen Plagiats einer Idee für die «Zugvögel»-Reihe konnte sie gerichtlich abschmettern. Kraft und Energie kostete sie aber auch die Welt der Erwachsenen in der Filmindustrie. Bei Dreharbeiten nach Romanen des Vaters, nämlich «Königliche Hoheit», «Felix Krull» und «Buddenbrooks», hatte sie in den 50er Jahren mit väterlicher Weisung die «Oberaufsicht» inne, arbeitete an den Drehbüchern mit, versuchte die Rollenbesetzungen zu beeinflussen und spielte selbst kleine Rollen, etwa die gestrenge Oberschwester Amalie in «Königliche Hoheit».

Ihr letzter großer Triumphzug gemeinsam mit dem Vater wurden die Schiller-Gedächtnisfeiern zum 150. Todestag des Dichters in Stuttgart und Weimar. Thomas Mann hatte aus

beiden deutschen Staaten Einladungen erhalten und beide –
teils aus Eitelkeit, teils mit dem Gedanken, damit ein Zeichen gegen den Kalten Krieg zu setzen – angenommen.
Auch bei dieser Reise hatte Erika von langer Hand alles geplant. Sie selbst steuerte den Wagen quer durch beide deutsche Staaten, überwachte die Termine, führte am Rande
Interviews. Das war im Mai. Wenige Monate später, am
12. August 1955, starb Thomas Mann 80-jährig in einer Zürcher Klinik.

Die folgenden zehn Jahre standen für Erika ganz im Zeichen der väterlichen Nachlassverwaltung. Sie entschied über
die Vergabe von Geldern einer Thomas-Mann-Stiftung; sie
schrieb ein Gedächtnisbuch mit dem Titel «Das letzte Jahr»
und lag mit der jüngeren Schwester Monika im Streit, die –
der alte «Familienfluch» hatte wieder zugeschlagen – nun
auch noch schriftstellerte und ihre Erinnerungen zu Papier
brachte, worin der Vater nicht so gütig und milde wegkam,
wie Erika dies der ganzen Welt glauben machen wollte. Von
1960 bis 1965 gab sie überdies eine dreibändige Briefedition
des Vaters heraus. Dafür hatte sie, teils über Zeitungsannon-
cen, Briefempfänger in der ganzen Welt ausfindig gemacht.
Aus den ca. 10 000 Briefen von und an Thomas Mann wählte
sie schließlich 1300 Schreiben aus, wobei sie auch hier
zensierte, strich, unterschlug, was irgendwie am Bild des Vaters hätte kratzen können: seine menschlichen Schwächen,
seine Eitelkeit, sein Egoismus, seine homoerotischen Neigungen.

Ab 1965 kümmerte sie sich um den Nachlass ihres gelieb-
ten Bruders Klaus. Sie fand einen Verleger in München,
Berthold Spangenberg, und einen Lektor, den Schriftsteller
Martin Gregor-Dellin, die sich der Bücher und Schriften
Klaus Manns liebevoll und engagiert annahmen. Es erschie-
nen bis zu Erika Manns Tod die wichtigsten Romane und Er-
zählungen Klaus Manns in Neuauflagen; daneben wurde eine
Auswahl seiner Essays zum Teil erstveröffentlicht. Das ge-

richtliche Verbot des Romans «Mephisto» im Jahre 1966 versuchte sie zwar anzufechten, erlebte den Ausgang des Prozesses aber nicht mehr. Im Jahre 1971 entschied das Bundesverfassungsgericht, dass in vorliegendem Fall das Recht auf Schutz der Persönlichkeit (in diesem Falle Gründgens') über das Recht auf Freiheit der Kunst (des Romans «Mephisto») zu stellen sei. Schon vorher hatte das Hamburger Oberlandesgericht festgestellt, «Mephisto» sei eine «Schmähschrift in Romanform» und kategorisch behauptet: «Die Allgemeinheit ist nicht daran interessiert, ein falsches Bild über die Theaterverhältnisse nach 1933 aus der Sicht eines Emigranten zu erhalten.»

Die Allgemeinheit war sehr wohl daran interessiert! Als im Dezember 1980 der Rowohlt Verlag trotz des Verbotes eine Taschenbuchausgabe des «Mephisto» herausbrachte, fand das Buch größten Widerhall. Von dem Roman, der offiziell bis heute verboten ist (doch wurde die Durchsetzung des Gerichtsurteils von den Gründgens-Erben nicht mehr verfolgt), wurden bis heute fast eine Million Exemplare verkauft.

Mit den Gerichten musste sich Erika auch ein anderes Mal herumschlagen. Die «Kölner Rundschau» hatte einen Bericht abgedruckt über die «mißglückte Ehe Gustafs mit Erika Mann (deren wahre Frau eben doch Klaus war)». Der alte Inzest-Verdacht, in böswilliger Weise bereits von den Nazis und später in Amerika geschürt, züngelte wieder auf. Erika klagte gegen diese und eine andere Zeitung und erhielt Recht. Von den insgesamt 20 000 Mark Schmerzensgeld verwendete sie einen Teil für den Auf- und Ausbau der Klaus-Mann-Werkausgabe.

Unnachsichtig war sie auch, wenn es um einstige Freunde ging, die im Dritten Reich zu Mitläufern geworden waren. Solch ein Fall war Wilhelm Emanuel Süskind, der im Jahre 1925 gemeinsam mit Klaus nach England und Frankreich gereist war. Süskind, ein talentierter Romanautor, blieb in

Erika Mann in den 60er Jahren.
    Von sich selbst sagte sie in den letzten Jahren: «Ich bin nur noch ein
bleicher Nachlaßschatten.»

Deutschland und versuchte im August 1933, Klaus zur Rückkehr aus der Emigration zu bewegen. Von 1933 bis 1942 war er leitender Redakteur der Zeitschrift «Die Literatur», 1943 wurde er literarischer Redakteur der «Krakauer Zeitung», die laut Klaus Mann unter der Schirmherrschaft des berüchtigten Gouverneurs Frank stand. Nach dem Krieg tat all das Süskinds Karriere keinen Abbruch – einer Karriere, die nicht untypisch war. Er wurde Mitarbeiter bei der «Süddeutschen Zeitung» und später deren leitender politischer Redakteur. Als er an Weihnachten 1946 brieflich wieder Kontakt zu Klaus Mann suchte, ließ dieser ihm ein Carepaket zuschicken, wies ihn jedoch zurück: «Erinnerungen sind wehmütig und schön, schaffen aber doch den Abgrund nicht aus der Welt.»

All das fand auch vor Erika Manns Blick keine Gnade. Nach einem Brief Süskinds an sie aus dem Jahre 1955 belegte sie ihn mit dem Verdikt: «Ja, wäre ich selbst über ‹Krakau› hinweggekommen (was kaum zu denken ist!), – schon Dein angemaßtes ‹Gespräch mit einem Toten› [Süskinds Rezension von Klaus Manns ‹Der Wendepunkt›, 1952] hätte mich wieder verjagt. ‹Die Welt›, schriebst Du Klaus anno 27 in sein Exemplar von ‹Tordis› [ein Buch Süskinds], ‹ruht vornehmlich auf dem Gedanken der Treue›. Das war von Joseph Conrad. Dir stand es nicht zu.»

In einem Interview mit Fritz Raddatz klagte Erika einmal: «Ich bin ein sehr gebranntes Kind.» Dennoch ruhte sie nicht. Ihre vielfältigen offenen Briefe, Artikel und Bittschriften zeigen sie in den letzten Lebensjahren als Sympathisantin der APO. Sie verfocht eine kritische Demokratisierung der Bundesrepublik Deutschland und wandte sich gegen die atomare Aufrüstung, die Robbenschlächterei in Kanada und den amerikanischen Einsatz im Vietnamkrieg. Sie verwandte sich für den in einem Schauprozess zu Zuchthaus verurteilten Ostberliner Aufbau-Verleger Walter Janka und bezichtigte die westliche Staatengemeinschaft der Ungeschicktheit, als

Boris Pasternak 1958 den Nobelpreis für Literatur angeboten bekam, ihn aber wegen eines Ausreiseverbots nicht annehmen konnte: «Mein Glaube, nun, geht dahin, daß Pasternak zu retten gewesen wäre, und daß ihm vielleicht sogar vergönnt gewesen wäre, den Preis in Empfang zu nehmen, hätte unsere gute ‹Freie Welt› sich etwas weniger töricht betragen. Aber so ist es nun einmal bei uns: unser Interesse geht weniger dahin, einen guten Mann und einen, der gewissermaßen zu uns gehört, zu ehren und zu retten, als dahin, unter allen Umständen die UdSSR blöde vor den Kopf zu stoßen, unter Aufopferung desjenigen oder derjenigen, die zu beschützen und zu erhalten in unserem besten Interesse läge.»

Sie verstand es, sich Feinde zu machen, aber sie genoss auch Anerkennung und Achtung. Martin Gregor-Dellin schrieb einmal: «Sie leisten in der Tat Unglaubliches!»

Die letzten Jahre war Erika Mann von vielen Krankheiten geplagt. Die Ärzte diagnostizierten eine «progressive Atrophie», von der Knochen, Muskeln und Drüsen betroffen waren. Sie stürzte mehrfach und konnte schließlich nur noch an Krücken gehen.

Dennoch kaufte sie sich 1966 nochmals ein Auto, einen Mustang-Sportwagen, der der Gehbehinderten ein wenig Freiheit und Unabhängigkeit verschaffte. Freilich ein Wagen mit Automatikschaltung, was der ehemaligen Rennfahrerin gar nicht behagte, «weil sie das sportliche Fahren, das ich seit so vielen Jahrzehnten betrieb und liebte, auf läppische Weise unmöglich macht. Schalten und dann mit Vollgas in die Kurve, das war meine Devise. Jetzt heißt es bremsen und nochmals bremsen, – pfui Spinne im Quadrat.»

Ihre Leiden versuchte sie vermehrt durch Morphium und andere Opiate zu lindern – und schädigte dadurch die Abwehrkräfte des Körpers. Im Frühjahr 1969 stellte man einen Gehirntumor fest. Dem befreundeten Schriftsteller Albrecht Goes, damals ebenfalls schwer krank, schrieb sie aufmunternd und zurechtweisend wie einst dem Bruder Klaus: «Herr Ritter, gestorben wird jetzt nicht.»

Erika Mann starb am 27. August 1969 im Zürcher Kantonsspital nach einer Gehirnoperation. Beerdigt wurde sie neben dem Vater auf dem Friedhof in Kilchberg.

Literaturhinweise

*Die in diesem Buch zitierten Passagen aus dem unveröffentlichten Briefwechsel
der Geschwister sind kursiv gesetzt. Der Abdruck erfolgte mit freundlicher Genehmigung des Rowohlt Verlags, Reinbek. Eine Edition der Korrespondenz ist
in Vorbereitung. Dank gilt Herrn Uwe Naumann für zahlreiche sachdienliche
Hinweise.*

Den Verlagen Suhrkamp und Klett-Cotta danken wir für die Abdruck-
genehmigung der Gedichte von Bertolt Brecht, Die Engel von Los Angeles; aus: Gesammelte Werke, © Suhrkamp Verlag, Frankfurt am Main
1967; sowie von Gottfried Benn, Wie lange noch; aus: G. B., Sämtliche
Gedichte. Klett-Cotta, Stuttgart 1998.

Klaus Mann
Klaus Manns Werke und Schriften einschließlich seiner Tagebücher und
einer Auswahl von Briefen sind im Rowohlt Verlag erschienen.

Weitere Quellen:

Die Sammlung. Literarische Monatsschrift unter dem Patronat von André
   Gide, Aldous Huxley, Heinrich Mann, herausgegeben von Klaus Mann,
   Jahrgänge 1934/1935 (September 1933 bis August 1935), Amsterdam
   (Querido Verlag); Nachdruck in zwei Bänden, München 1986 (Rogner
   und Bernhard).
Decision. A Review of Free Culture; hg. von Klaus Mann, New York
   1941–1942.
Fluch und Segen. Fragment einer Kantate aus dem Nachlass. Hg. von Uwe
   Naumann. Schriesheim 1997.

Für die Arbeit untersuchte unveröffentlichte Texte aus dem Klaus-Mann-
Archiv (KMA) der Handschriftenabteilung der Stadtbibliothek München:
Telephon-Duett, KMA 511.
Briefe Klaus Manns an Erika Mann, KMA ohne Nummer, 131 Briefe mit 7
   Abschriften, 15 Karten, 10 Telegramme, 22 Umschläge

Erika und Klaus Mann
Rundherum. Abenteuer einer Weltreise, Reinbek 1982.
Das Buch von der Riviera, Berlin 1989.
Escape to Life. Deutsche Kultur im Exil, München 1991.
The Other Germany, New York 1940.

Erika Mann

Briefe und Antworten, 2 Bände; hg. von Anna Zanco Prestel, München 1988:
  Bd. 1: 1922–1950.
  Bd. 2: 1951–1969.
Zehn Millionen Kinder. Die Erziehung der Jugend im Dritten Reich; mit einer Einführung von Thomas Mann, München 1989.
Klaus Mann zum Gedächtnis; hg. von Erika Mann, mit einem Vorwort von Thomas Mann, Amsterdam 1950.
Das letzte Jahr. Bericht über meinen Vater, Frankfurt/M. 1993.
Mein Vater, der Zauberer; hg. von Irmela von der Lühe und Uwe Naumann, Reinbek 1996.

Für die Arbeit untersuchte unveröffentlichte Texte aus dem Erika-Mann-Archiv (EMA) der Handschriftenabteilung der Stadtbibliothek München:
I of all people [Fragment einer Autobiographie der Zeit von 1933–1943], EMA 138.
Briefe Erika Manns an Klaus Mann, EMA ohne Nummer, 117 Briefe, 1 Briefkopie, 2 Karten, 41 Telegramme.

Thomas Mann

Thomas Mann/Heinrich Mann, Briefwechsel; hg. von Hans Wysling, Frankfurt/M. 1968.
Briefe 1889–1936; hg. von Erika Mann, Frankfurt/M. 1961.
Briefe 1937–1947; hg. von Erika Mann, Frankfurt/M. 1963.
Briefe 1948–1955 und Nachlese; hg. von Erika Mann, Frankfurt/M. 1965.
Tagebücher 1918–1921; hg. von Peter de Mendelssohn, Frankfurt/M. 1979.
Tagebücher 1937–1939; hg. von Peter de Mendelssohn, Frankfurt/M. 1980.
Tagebücher 1949–1950; hg. von Inge Jens, Frankfurt/M. 1991.
Hans Wysling (Hg.), Dichter über ihre Dichtungen, Thomas Mann, Teil II: 1918–1943, unter Mitwirkung von Marianne Fischer, München 1979.

Golo Mann

Erinnerungen und Gedanken. Eine Jugend in Deutschland, Frankfurt/M. 1991.
Erinnerungen an meinen Bruder Klaus. In: Klaus Mann, Briefe und Antworten 1922–1949; hg. von Martin Gregor-Dellin, Reinbek 1991, S. 629–661.

Sonstige Autoren

Gottfried Benn, Gedichte in der Fassung der Erstdrucke. Mit einer Einführung herausgegeben von Bruno Hillebrand, Frankfurt/M. 1982.

Bertolt Brecht, Gesammelte Werke, Frankfurt/M. 1967.

Jean Cocteau, Les enfants terribles, Paris 1929. Dt. unter dem Titel ‹Kinder der Nacht›, übertragen von Friedhelm Kemp, Stuttgart 1985.

René Crevel, La mort difficile, Paris 1926. Dt. unter dem Titel ‹Der schwierige Tod›, übertragen von Hans Feist, Frankfurt/M. 1988.

Therese Giehse, «Ich hab nichts zum Sagen». Gespräche mit Monika Sperr, Berlin 1977.

Hermann Kesten, Meine Freunde, die Poeten, Frankfurt/M., Berlin, Wien 1980.

Fritz H. Landshoff, Amsterdam, Keizersgracht 333, Querido Verlag. Erinnerungen eines Verlegers. Mit Briefen und Dokumenten, Berlin und Weimar 1991.

Katia Mann, Meine ungeschriebenen Memoiren, Frankfurt/M. 1974.

Monika Mann, Vergangenes und Gegenwärtiges. Erinnerungen, München 1956.

Ludwig Marcuse, Mein zwanzigstes Jahrhundert. Auf dem Weg zu einer Autobiographie, Zürich 1975.

Annemarie Schwarzenbach, «Wir werden es schon zuwege bringen, das Leben». Annemarie Schwarzenbach an Erika und Klaus Mann, Briefe 1930–1942; hg. von Uta Fleischmann, mit Beiträgen von Irmela von der Lühe und Fredric Kroll, Pfaffenweiler 1993.

Sekundärliteratur (Auswahl)

Ausführliche Bibliographien von bzw. zu Klaus Mann verzeichnen Fredric Kroll (1976), Michel Grunewald (1984) und Uwe Naumann (1984/1999), eine Bibliographie zu Erika Mann findet sich in der von Irmela von der Lühe verfassten Biographie.

Heinz Ludwig Arnold (Hg.), Klaus Mann. «Text + Kritik», H. 93/94, München 1987.

Erika und Klaus Mann. Bilder und Dokumente. Katalogbuch zur Ausstellung des Erika und Klaus Mann-Archivs der Handschriftenabteilung der Münchner Stadtbibliotheken am Gasteig, Konzeption: Ursula Hummel, Text: Eva Chrambach, München 1990.

Michel Grunewald, Klaus Mann: 1906–1949. Eine Bibliographie. Verzeichnis des Werks und des Nachlasses von Klaus Mann mit Inhaltsbeschreibung der unveröffentlichten Schriften, Namenregister und Titelverzeichnis, München 1984.

Helga Keiser-Hayne, Erika Mann und ihr politisches Kabarett «Die Pfeffermühle», 1933–1937. Texte, Bilder, Hintergründe, Reinbek 1995.

Fredric Kroll (Hg.), Klaus-Mann-Schriftenreihe, Bd. 1: Bibliographie. Mit Vorwort von Klaus Blahak und Fredric Kroll, Wiesbaden 1976.

Fredric Kroll (Hg.), Klaus-Mann-Schriftenreihe, Bd. 2: 1906–1927. Unordnung und früher Ruhm, Wiesbaden 1977.

Fredric Kroll (Hg.), Klaus-Mann-Schriftenreihe, Bd. 3: 1927–1933. Vor der Sintflut, Wiesbaden 1979.

Fredric Kroll (Hg.), Klaus-Mann-Schriftenreihe, Bd. 4: 1933–1937. Repräsentant des Exils, Teilband 4/I: 1933–1934. Sammlung der Kräfte, Wiesbaden 1992.

Fredric Kroll (Hg.), Klaus-Mann-Schriftenreihe, Bd. 5: 1937–1942. Trauma Amerika, Wiesbaden 1986.

Fredric Kroll (Hg.), Klaus-Mann-Schriftenreihe, Bd. 6: 1942–1949. Der Tod in Cannes, Hannover 1996.

Fredric Kroll, «Das Letzte halte ich stets zurück». Sexualität und Sprachlosigkeit bei Klaus Mann. In: Erkenntniswunsch und Diskretion; hg. von Gerhard Härle u. a., Berlin 1992.

Irmela von der Lühe, Erika Mann. Eine Biographie, Frankfurt/M. 1993.

Uwe Naumann, Klaus Mann. Mit Selbstzeugnissen und Bilddokumenten dargestellt, Reinbek 1984.

Uwe Naumann (Hg.), «Ruhe gibt es nicht, bis zum Schluß». Klaus Mann (1906–1949), Reinbek 1999.

Nicole Schaenzler, Klaus Mann. Eine Biographie, Frankfurt/M. 1999.

Eberhard Spangenberg, Karriere eines Romans. Mephisto, Klaus Mann und Gustaf Gründgens. Ein dokumentarischer Bericht aus Deutschland und dem Exil 1925–1981, München 1982.

Alexander Stephan, Im Visier des FBI. Deutsche Exilschriftsteller in den Akten amerikanischer Geheimdienste, Stuttgart und Weimar 1995.

Armin Strohmeyr, Traum und Trauma. Der androgyne Geschwisterkomplex im Werk Klaus Manns, Augsburg 1997.

Bildnachweis

PAARE Lebensläufe zu zweit

Rowohlt · Berlin

Unda Hörner
Louis Aragon und Elsa Triolet
Die Liebenden des Jahrhunderts

Unda Hörner
Lauren Bacall und Humphrey Bogart
Gangsterbraut und Seemannsgarn

Eckart Klessmann
Fürst Pückler und Machbuba
Gesellschaftlicher Skandal und Eklat des Herzens

Joachim Köhler
Friedrich Nietzsche und Cosima Wagner
Die Schule der Unterwerfung

Christa Maerker
Marilyn Monroe und Arthur Miller
Eine Nahaufnahme

Wolfgang Martynkewicz
Sabina Spielrein und C. G. Jung
Eine Fallstudie

Renate Möhrmann
Tilla Durieux und Paul Cassirer
Bühnenglück und Liebestod

Renate Möhrmann
Ingrid Bergman und Roberto Rossellini
Eine Liebes- und Beutegeschichte

Rowohlt · Berlin

PAARE Lebensläufe zu zweit

Bernd Neumann
Hannah Arendt und Heinrich Blücher
Ein deutsch-jüdisches Gespräch

Justus Noll
Ludwig Wittgenstein und David Pinsent
Die andere Liebe des Philosophen

Alan Posener
John F. und Jacqueline Kennedy
Das Königspaar im Weißen Haus

Stephan Reimertz
Max Beckmann und Minna Tube
Eine Liebe im Porträt

Walter van Rossum
Simone de Beauvoir und Jean-Paul Sartre
Die Kunst der Nähe

Friedrich Rothe
Arthur Schnitzler und Adele Sandrock
Theater über Theater

Helma Sanders-Brahms
Gottfried Benn und Else Lasker-Schüler
Giselheer und Prinz Jussuf

Rowohlt · Berlin

Maria Seidemann
Rosa Luxemburg und Leo Jogiches
Die Liebe in den Zeiten der Revolution

Carola Stern
Isadora Duncan und Sergej Jessenin
Der Dichter und die Tänzerin

Kyra Stromberg
F. Scott und Zelda Fitzgerald
Ein amerikanischer Traum

Ursula Voß
Bertrand Russell und Lady Morrell
Eine Liebe wider die Philosophie

Matthias Wegner
Carola Neher und Klabund
Eine Geschichte von Liebe und Tod

Helmut Winter
Virginia und Leonard Woolf

James Woodall
John Lennon und Yoko Ono
Zwei Rebellen – eine Poplegende

Rowohlt · Berlin